Abecé
Visual

El Abecé
Visual de

los MEDIOS DE TRANSPORTE

Abecé
Visual

© de esta edición: 2013, Santillana USA Publishing Company,
Inc. 2023 NW 84th Ave, Doral FL 33122

Publicado primero por Santillana Ediciones Generales, S. L.
C/Torrelaguna, 60 - 28043 Madrid

Coordinación editorial: Área de Proyectos Especiales.
Santillana Ediciones Generales, S. L.

REDACCIÓN Y EDICIÓN
Marcela Codda

ILUSTRACIÓN
Carlos Escudero por Acuatromanos Estudio
Color digital: Juan Pablo Eberhard

DISEÑO DE CUBIERTAS
Gabriela Martini y asociados

El abecé visual de los medios de transporte
ISBN: 978-84-9907-012-4

Printed in USA by Nupress of Miami, Inc.
16 15 14 13   1 2 3 4 5 6 7 8 9

Índice

¿Qué animales se usan para el transporte?

Hasta hace unos 5000 años, cuando todavía no se había inventado la rueda, no existían los medios de transporte. Los animales se usaban solo para la provisión de leche, carne y cuero, y también para tirar de los arados. No pasó mucho tiempo hasta que aparecieron los primeros jinetes que se decidieron a montar burros, caballos y camellos. Tras la invención de la rueda, los animales se utilizaron para tirar de carros y carretas.

Camellos y dromedarios
Son animales idóneos para el transporte de personas y cargas en el desierto. En sus gibas tienen enormes reservas de grasa. Gracias a ellas pueden hacer largos recorridos sin beber ni comer nada.

La potencia de los bueyes fue aprovechada desde tiempos remotos para tirar de carros y carretas y trasladar cargas pesadas. Todavía hoy son los animales más utilizados para el transporte en los países en vías de desarrollo.

La domesticación de los caballos comenzó en Asia y fueron muchos los pueblos que los usaron para cazar o para trasladarse a la carrera. Hay muchas razas de caballos que se diferencian por su pelaje, alzada, origen o utilización.

Elefantes guerreros
Hace más de 4000 años, los elefantes fueron adiestrados para servir a los humanos. Primero se los usó para las tareas agrícolas, pero luego fueron utilizados con fines militares. En Sri Lanka eran considerados animales sagrados y solo los montaban los reyes cuando llevaban a sus tropas a la guerra. Durante las guerras púnicas, entre Roma y Cartago, los elefantes eran protegidos con armaduras.

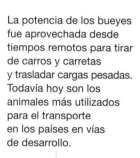

Huskies en trineo

Probablemente el trineo sea el medio de transporte más antiguo que existe. En sus orígenes, los trineos eran tirados por animales grandes, como caballos, mulas o bueyes, y en las regiones frías, por alces y renos. Hacia finales del siglo xix, los perros de raza Husky fueron importados desde su Siberia natal a las tierras de Alaska. Desde entonces, estos perros se convirtieron en los mejores animales de tiro para la nieve.

Los llamados caballos pesados (percherón, jutlandés, brabanzón, etc.) se usan para el transporte de carga. Son más corpulentos y altos que los demás caballos.

Pequeñas y poderosas cabras

En algunos países, como Honduras o Guatemala, los pastores aprovechan sus rebaños de cabras para el transporte de pequeñas cargas, como tinajas de agua o de leche. Estos ágiles animales son perfectos para trasladarse en regiones montañosas. La cabra se utiliza como animal de tiro de rústicos carros en los que se transporta leña, y también para tirar de los arados.

Montar a pluma

En algunos países de África, es común que se use a los avestruces como medio de transporte para trasladarse por la sabana. Esta ave corredora de patas largas y fuertes puede superar los 70 km/h (43 m/h). Los nativos suelen montar los avestruces «a pelo», pero hay también monturas diseñadas para ellos. También se aprovecha su potencia para tirar de pequeños carros de dos ruedas y transportar cargas no muy pesadas.

Los burros o asnos son animales más lentos que los caballos, pero sumamente resistentes y avezados en los caminos de montaña. Cuando se inventó la rueda, los primeros carros fueron tirados por asnos salvajes llamados onagros.

¿**Qué** eran las cuadrigas?

En tiempos del Imperio romano, las cuadrigas eran carros tirados por cuatro caballos, con los que se organizaban carreras en los espectáculos públicos. La carrera comenzaba cuando el organizador del evento, llamado *editor,* arrojaba un paño blanco a la pista. Los carros debían dar siete vueltas a lo largo de la *spina,* un muro de 340 m (1,115 ft) decorado con figuras que se iban retirando a medida que se sucedían las vueltas.

Una idea redonda

La rueda se inventó alrededor del año 3500 a. de Cristo en la región de Sumer, en Oriente Medio. Las primeras ruedas fueron utilizadas como torno por los alfareros para elaborar vasijas. Unos 300 años después, el principio de la rueda se aplicó al transporte. Las primeras eran macizas y estaban formadas por pesados tablones de madera encastrados.

El público apostaba a los mejores jinetes (aurigas) y conocía las virtudes y los defectos de los caballos de cada cuadriga.

Carro indio

Esta miniatura de Mojenho Daro (Pakistán), hecha en cerámica y madera, representa un tipo de carreta de dos ruedas usada en la India hacia el año 2300 a. C. Su plataforma cóncava permitía concentrar el peso de la carga sobre el eje de las ruedas. Las varas de madera servían probablemente para proteger la carga, pero también para sostener un toldo.

Para la guerra

Hacia el año 2800 a. C., surgió el carro de combate. Tenía cuatro ruedas, caja rectangular y un alto parapeto para proteger al conductor. A las ruedas se les incorporó una llanta de metal claveteada con tachas para que se deslizaran mejor en el suelo. Con el correr del tiempo, los carros de combate se hicieron más livianos e incluso se fabricaron con dos ruedas. Cuando las herramientas mejoraron, aparecieron las ruedas con radio, más ligeras y resistentes.

Nace el transporte

Los primeros carros eran simples tablones con ejes en los que se insertaban las ruedas. Las carretas llegaron unos 300 años después. Tenían cuatro ruedas que giraban sobre ejes fijos. Andaban sobre caminos hechos especialmente con acanaladuras para sostener las ruedas y evitar vuelcos.

Las carretas disponían de toldos de cestería y eran tiradas por bueyes o asnos salvajes.

Con una sola rueda

Las primeras carretillas surgieron en la antigua China hace unos 2200 años. Eran de madera, tenían una sola rueda, dos patas de apoyo y un par de maderos para sujetarla, y se utilizaban para el transporte de personas. También se usaba una carretilla con caja para llevar material de guerra a los campos de batalla.

Los circos eran anfiteatros en los que se organizaban los juegos públicos. Los juegos eran variados: carreras, luchas de gladiadores y hasta representaciones de sucesos importantes.

El auriga, que solía ser un esclavo, protegía su cabeza con un yelmo de metal.

Los aurigas iban con el cuerpo echado hacia atrás, sujetaban las riendas con la mano y, a la vez, se las ataban a la cintura.
En algunos casos, estos jinetes bajaban del carro y terminaban la carrera a pie.

Los carros podían ser tirados por dos (bigas), tres (trigas) o cuatro caballos (cuadrigas). En estos espectáculos se alternaban carreras al trote y carreras al galope.

Los caballos de las cuadrigas eran famosos por su velocidad, pero el mejor siempre se enganchaba del lado izquierdo. De él dependía la victoria.

Las cuadrigas eran adaptaciones de los primeros carros, con un parapeto más pequeño y transformado en una rampa con caída hacia atrás donde se instalaba el jinete.
Las ruedas tenían radios.

¿**Por qué** se desplaza un velero?

A ntiguamente los barcos de vela eran un medio de transporte fundamental para trasladar pasajeros y mercancías, para pescar y comerciar, y para recorrer y conquistar nuevos territorios. En el siglo xix estas embarcaciones fueron reemplazadas por naves impulsadas por motores de vapor, construidas con acero en lugar de madera. Hoy la navegación a vela se ha convertido en un pasatiempo y también en un deporte.

Barlovento

Cuando el viento se encuentra con la vela se divide hacia uno y otro lado. El aire que choca con la parte de sotavento se curva hacia fuera para avanzar, pero luego busca seguir su camino recto y acelera, entonces se equilibra con el aire de la parte barlovento, que es más lento. De esta manera el navegante guía la nave incluso contra el viento.

El mástil ya no es de madera sino de aluminio, un material más resistente y liviano. A él se fija el *gratil,* que es el lado recto de la vela.

La vela, un gran invento

Hace unos 5000 años se inventaron las primeras velas. Eran cuadradas, estaban hechas con piel de animales y servían nada más que para navegar a favor del viento. Gracias a la vela, los barcos ya no necesitaban solo de la fuerza de los remos para avanzar en el agua. Alrededor del año 200 a. C. se inventó la vela triangular, llamada latina. Con ella los marineros pudieron navegar con viento en contra controlando el rumbo de sus viajes.

El timonel o patrón es quien maneja el timón. Con esta herramienta se determina la dirección que tomará la embarcación.

Veleros a lo largo del tiempo

Las embarcaciones de vela permitieron a los hombres desafiar largas distancias, incluso en mares y ríos desconocidos. Con el tiempo, las embarcaciones fueron superándose en velocidad, en posibilidad de carga y autonomía. Y aunque cambiaron, y mucho, las naves de vela han mantenido hasta el día de hoy características semejantes: un casco, aparejos, al menos un mástil para soportar las velas y una quilla para no irse a la deriva.

Carraca,
siglo xv

Nao,
siglo xv

Navío,
siglo xviii

Goleta,
siglo xix

Carabela
redonda,
siglo xv

Carabela
latina,
siglo xv

Corbeta,
siglo xix

Corbeta,
siglo xix

Galera,
siglo xvi

Galeón,
siglo xvi

Fragata,
siglo xix

Las velas son de fibras sintéticas y se direccionan para aprovechar al máximo la fuerza y la orientación del viento.

Ni mucho ni poco

La orza es una especie de cuchilla que se coloca en la base del velero y conforma el centro de gravedad de la embarcación. Da estabilidad a la nave y permite que esta vuelva a su estado de equilibrio cuando se va hacia los lados. En los barcos de pasajeros la estabilidad es importante, pero en los veleros una orza muy profunda quita maniobrabilidad a la hora de soportar los golpes del mar. Muchas veces a los veleros se les quita la orza para navegar en aguas poco profundas.

Sotavento

El casco está hecho de fibra de vidrio, un material ligero y fuerte. La forma ahusada del casco corta el agua y elimina gran parte de su resistencia.

Algunos veleros son muy lujosos y cuentan con camarotes para que los pasajeros descansen durante la noche.

Código internacional de señales

Existe un código internacional de señales por medio del cual los navegantes pueden comunicarse con otros barcos, con el puerto o con tierra. Está compuesto por banderas de distintas formas y colores que representan una letra, un número o un mensaje. Este código permite que varios barcos se comuniquen para contar cuál es su situación en el mar o para pedir auxilio en caso de peligro. Estas son algunas de esas banderas.

 Alfa: tengo un buzo sumergido. Manténgase alejado.

 Charlie: afirmativo.

 Delta: manténgase alejado de mí, estoy maniobrando con dificultad.

 Echo: caigo a estribor.

 Foxtrot: tengo avería, póngase en comunicación conmigo.

 India: caigo a babor.

 Kilo: necesito comunicarme con usted.

 Óscar: ¡hombre al agua!

 Romeo: recibido.

 Víctor: necesito auxilio.

 Whiskey: necesito asistencia médica.

 Yankee: mi ancla esta garrando.

Zulu: necesito remolcador.

¿**Cómo** levanta el vuelo un globo aerostático?

El aire caliente es más ligero que el aire frío, por eso tiende a elevarse. Este hecho fue el que usaron los hermanos Montgolfier para construir los primeros globos aerostáticos: se calentaba el aire interior y los globos se elevaban. Una innovación fue un globo abierto en el que se colocó una cesta de mimbre donde ardía un horno de leña. El aerostato creado por los hermanos franceses pasó a llamarse *mongolfiero*.

Julio Verne

En 1863, noventa años después de la primera ascensión de un hombre en un aerostato, el escritor francés Julio Verne escribió su primera novela: *Cinco semanas en globo*. En esta obra, el escritor imaginaba el viaje de tres exploradores sobre el continente africano en un globo inflado a gas que tenía un dispositivo que le permitía subir y bajar con comodidad. Varios años más tarde incorporaría otro globo aerostático en su reconocida novela *La vuelta al mundo en ochenta días*.

Un globo peligroso

Poco después de que los hermanos Montgolfier elevaran su primer globo, Jacques Alexandre Cesar Charles ideó un aerostato inflado con hidrógeno, que se obtenía mezclando ácido sulfúrico con limaduras de hierro y era inflamable y sumamente peligroso. El globo de hidrógeno de Charles se elevó en 1783 y permaneció suspendido durante 45 minutos recorriendo unos 25 km (15 mi) de distancia. Cayó en la campiña francesa, y los campesinos, pensando que era una obra del demonio, lo destruyeron totalmente.

Generalmente los globos se construían con materiales como el lino o la seda forrados en papel para hacerlos más impermeables.

En el primer viaje, el globo llegó a elevarse hasta los 100 m (328 ft) de altura y realizó un largo recorrido sobre París hasta descender a 10 km (6 mi) de distancia. Los primeros tripulantes fueron Pilâtre de Rozier y el marqués d'Arlandes, dos nobles franceses que estuvieron en el aire durante casi media hora.

Passarola

La *Passarola* fue el primer artefacto volador de la historia. Lo construyó el padre Bartolomé Lorenzo de Guzmán, un jesuita portugués nacido en una colonia de Brasil. El padre consiguió elevarse 4 m (13 ft) del suelo en una nave de papel con un diseño totalmente desconocido. El hecho ocurrió el 8 de agosto de 1709 en la Casa de Indias de Lisboa, ante la presencia de los reyes y del nuncio apostólico.

Antes de experimentar con personas, los hermanos Montgolfier elevaron un globo que arrastraba una canastilla en la que viajaban una oveja, un gallo y un pato. Los animales resultaron ilesos.

Globo meteorológico

Los aerostatos actuales se utilizan principalmente para obtener datos meteorológicos. Para ello se usan globos cerrados, generalmente inflados con helio, llamados *globos sonda*. Estas sencillas aeronaves llevan sensores capaces de registrar la presión, humedad y temperatura atmosférica. También miden la velocidad de los vientos a grandes alturas y, en algunos casos, la cantidad de ozono que hay en el aire.

Los globos hoy

Gracias a los avances de la tecnología, los materiales con que se realizan los globos son muy livianos y transportables, y el uso de nuevos combustibles y potentes quemadores permiten elevar un globo en menos de media hora. Los globos actuales tienen formas muy variadas. Como causan un verdadero impacto visual se utilizan también como recurso publicitario.

Por ser flexible y liviano, el mimbre fue el mejor material para fabricar las cestas y canastillas donde se ubicaban los tripulantes o se colocaban los quemadores.

El globo estaba lleno de aire frío, pero a medida que recibía calor comenzaba a levantar el vuelo. Cuando el calor se acababa, el globo descendía.

El primer viaje tripulado se produjo el 21 de noviembre de 1783.

Un horno o quemador instalado en el interior de la base permitía mantener caliente el aire del interior por más tiempo.

¿**Cómo** eran las locomotoras de vapor?

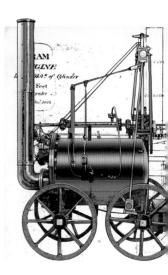

H acia 1850 el tren ya se había convertido en uno de los inventos más importantes del siglo, aunque para algunos seguía siendo una máquina. Las potentes locomotoras de vapor permitían el transporte de personas y mercancías a gran escala y a velocidades jamás alcanzadas hasta entonces. Gracias al tren, las distancias en el mundo se acortaban, las ciudades se conectaban con los pueblos y los puertos con las fábricas, y las noticias se transmitían a gran velocidad.

Trenes a caballo

Casi en 1600, antes de que se inventara la locomotora de vapor, ya existía el transporte sobre rieles. En las minas de Alemania y de Inglaterra, mineros o animales de carga tiraban de los vagones que salían de las minas cargados de carbón. Hacia finales del siglo XVIII los carriles de madera se recubrieron con planchas de acero. De esta manera se descubrió que se reducía el rozamiento y se alcanzaba mayor velocidad con menos esfuerzo.

En la parte trasera de la caldera estaba la caja de fuego o parrilla del hogar. Allí había un horno en el que se quemaba el combustible.

Cabina del maquinista

La caja de fuego era alimentada por materiales muy combustibles, como carbón, leña o aceites pesados.

Las ruedas estaban acopladas por medio de bielas que permitían que se movieran juntas. De esta manera, lograban un mejor agarre a los rieles y ofrecían más resistencia en las subidas.

El exterior de la locomotora se fabricaba con planchas de acero que se unían entre sí por medio de pernos.

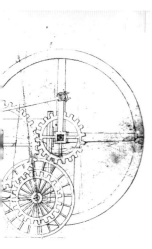

La primera locomotora de vapor

En febrero de 1804, Richard Trevithick, un ingeniero de minas británico, adaptó una máquina de vapor que se usaba para bombear agua e ideó un aparato locomovible. La locomotora de Trevithick recorrió 15 km (9 mi) sobre las vías de una mina, arrastrando cinco vagones cargados con 10 toneladas de acero y 70 hombres a una velocidad de 8 km/h (5 m/h). El primer boceto que hizo Trevithick se conserva en el Museo de Ciencias de Londres.

La caldera era un cilindro donde se generaba calor y acumulación de vapor. En su interior había una serie de tubos sumergidos en agua caliente.

Como en casa

En 1865 el fabricante norteamericano George Pullman construyó un nuevo tipo de coche ferroviario, muy decorado, con claraboyas en el techo para que entrara la luz, y asientos que, de noche, se transformaban en camas. Estos coches contaban con un servicio especial de camareros y la tarifa era unas ocho veces más cara que la de los demás coches del tren.

En la parte delantera de la caldera estaba la caja de vapor por cuya chimenea escapaba el vapor al exterior.

El farol se utilizaba para que el maquinista pudiera ver a mayor distancia.

Una locomotora de vapor podía alcanzar los 21 m (68 ft) de largo y los 6 m (19 ft) de altura.

Los trenes más rápidos del mundo

Hasta 1920 la velocidad media de los trenes de pasajeros no superaba los 80 km/h (49 m/h), mientras que la de los trenes de carga rondaba los 40 y los 50 km/h (24 y 31 m/h). En la actualidad hay trenes que pueden superar los 300 km/h (186 m/h). Cuentan con vías especiales, trazados curvos de grandes radios y pendientes reducidas. Entre estos trenes se encuentran los siguientes:

AVE,
en España.

Intercity,
en Gran Bretaña.

Tren bala,
en Japón.

TGV,
en Francia.

Eurostar,
el tren del túnel, que une Gran Bretaña, Francia y Bélgica.

Pendolino,
en Italia.

X2000,
en Suecia.

ICE,
en Alemania.

¿**Por qué** flotan los barcos?

No importa el tamaño que tengan, desde una canoa hasta un gran crucero de lujo, todos los barcos se mantienen a flote. Esto se debe al principio de Arquímedes, que afirma que todo cuerpo sumergido en un líquido experimenta un empuje hacia arriba igual al peso del líquido desplazado. Esta resistencia consiste en un empuje vertical desde abajo que se equilibra con la fuerza de la gravedad y contrarresta el peso de la embarcación manteniéndola a flote.

Sistemas de orientación y navegación

Desde tiempos lejanos los marinos se orientaron en el mar observando la posición de los astros. Para navegar con rumbos determinados utilizaban la brújula, el sextante y los mapas.
Hoy día la navegación cuenta con radares y boyas reflectantes que emiten señales que determinan la posición de la nave. También se valen del GPS (sistema de posicionamiento global) que por medio de una serie de satélites establece la localización (latitud, longitud y altitud) exacta de los barcos.

La cubierta es el piso superior de la nave. En los buques de línea, como los cruceros, se realizan deportes en esta zona. Debajo de la cubierta se ubican algunos camarotes (habitaciones para los pasajeros y la tripulación).

Se llama proa de bulbo a la «panza» que tiene la nave en su parte delantera, que reduce la resistencia a la marcha y es muy usada en buques de gran tonelaje.

Los cruceros son
buques de línea
que transportan
a muchos pasajeros
y siguen rutas
determinadas.
Generalmente
recorren lugares
turísticos.

Aunque son naves de hierro muy
pesadas, en su interior hay gran
cantidad de compartimentos.
Todos ellos tienen aire que ayuda
a dar flotabilidad a la nave.

Además de habitaciones lujosas,
en los cruceros suele haber varios
restaurantes, casino, salas de baile
y hasta tiendas comerciales.

Una parte del casco se sumerge en el agua.
En esta área se ubican la quilla, que es
como la columna vertebral y mantiene
el equilibrio de la nave, y la hélice, cuyas
palas propulsan la embarcación.

¿Un barco que vuela?

El aerodeslizador, también llamado
hovercraft, es una nave liviana
y veloz diseñada para flotar sobre
el agua evitando su resistencia.
En su base posee algo parecido
a un esquí y un potente motor
que lanza chorros de aire desde
allí y lo eleva. Debajo de la
embarcación se crea un colchón
de aire que evita el contacto de
la nave con el agua. Al avanzar,
gracias al impulso de poderosos
propulsores, la embarcación
se desplaza como si patinara
sobre una superficie sólida.
Algunos aerodeslizadores pueden
superar los 150 km/h (93 m/h).

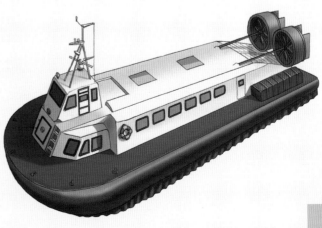

Todos los barcos tienen una línea
de flotación que no debe superarse.
Esta línea separa lo que se llama
la «obra viva» (sector sumergido)
de la «obra muerta» (la parte del casco
que llega a la borda).

¿**Cómo** funciona una bicicleta?

La bicicleta es uno de los medios de transporte más económicos y saludables. Existen distintos tipos de bicicletas que se adaptan a diferentes terrenos y funciones: desde las livianas de carrera hasta las potentes de montaña. Todas las bicicletas poseen un cuadro, que es la estructura básica y generalmente tiene forma de rombo, una horquilla móvil en la que se sujeta la rueda delantera y el manillar, dos ruedas, piñones, cadenas, el sillín y un sistema de frenos.

Triciclos para todos

El triciclo es ideal para los niños más pequeños que aún no saben mantener el equilibrio. Como no dispone de piñones ni de cadenas, se impulsa por medio de los pedales que hacen girar la rueda delantera y, de esta manera, arrastran las dos ruedas traseras. Hay modelos de triciclo que se utilizan también, en algunos países, para el transporte de personas y el reparto de mercancías. Este tipo de triciclos funcionan de manera semejante a las bicicletas, aunque no tienen cambios. En su estructura hay un espacio destinado a una caja abierta o cerrada sobre la que se coloca la carga. Hay triciclos que se usan además para la venta ambulante y el reparto del correo.

El ciclista echa su cuerpo hacia delante, casi sobre el manillar. De esta manera logra una postura aerodinámica que ofrece menos resistencia al aire.

Las bicicletas de carrera más modernas están hechas con aleaciones de aluminio y en algunas partes tienen fibra de carbono. Esto hace que sean más resistentes y ligeras.

Los radios ofrecen mayor resistencia a la rueda e impiden que esta se deforme.

El cambio de las bicicletas permite al ciclista una marcha cómoda. En un piñón grande, la rueda gira más lenta, pero tiene más resistencia. En un piñón pequeño, ideal para los terrenos llanos, la rueda gira más rápido y logra mayor velocidad.

El ciclista impulsa los pedales e imprime una fuerza motriz que termina convirtiéndose en desplazamiento.

Bicicletas para muchos

El tándem es una bicicleta para dos o más personas. Sobre un marco de bicicleta más alargado que lo habitual, se colocan varios sillines y la cantidad proporcional de pedales. Los ciclistas viajan uno detrás de otro, y como todos pedalean coordinadamente, reparten el esfuerzo para lograr más velocidad. Hay tándems adaptados para carreras y para bicicletas de montaña, más robustos y potentes, para avanzar en terrenos abruptos. Los tándems más habituales son para dos personas, pero puede haber algunos preparados hasta para cinco ciclistas.

El ciclista lleva ropas ajustadas confeccionadas con materiales livianos. El casco en general es de poliestireno expandido, un material capaz de absorber fuertes impactos.

El ciclista maneja los frenos con una palanca que se encuentra en el manillar. Se trata de un cable de acero de tiro lateral que acciona dos tenazas que aprisionan la rueda hasta detenerla.

Viajes en familia

En muchos países existen en los caminos sendas especiales para los ciclistas. Las familias que viajan con varios niños pequeños utilizan unos soportes, semejantes a los que muestra la ilustración, que fijan una bicicleta pequeña a una mayor. De esta manera convierten una bicicleta simple en una especie de tándem familiar. La bicicleta pequeña rueda como si fuera independiente y el niño que va en ella pedalea sin peligro de caerse.

Bicicleta estática

En los gimnasios se utilizan bicicletas que no se mueven de su lugar, ya que están fijas a un pie. No tienen cadena ni piñones, pero cuentan con dispositivos que imprimen a los pedales mayor o menor resistencia, de manera que al pedalear se debe ejercer una fuerza distinta en uno u otro caso. Las bicicletas estáticas tienen además un suplemento llamado cuentakilómetros que permite registrar la distancia que se ha «recorrido» en ellas. Algunas incluso incorporan una pantalla que visualiza programas de entrenamiento o televisión.

Los dibujos de los neumáticos permiten mayor agarre a cualquier superficie del terreno.

¿**Qué** son los dirigibles?

Los dirigibles son globos aerostáticos fusiformes. A diferencia de los aerostatos tradicionales, poseen una estructura interna y una especie de globo que mantiene su forma. Tienen un motor y turbohélices que les permiten avanzar hacia donde su conductor quiere. Los primeros dirigibles estaban llenos de hidrógeno, un gas muy inflamable y peligroso. Actualmente se rellenan con helio o aire caliente.

Pasajeros en un dirigible

En la época de los grandes dirigibles, la góndola llegó a ser tan grande como el interior de un Boeing 747, y podía transportar a más de 100 personas entre pasajeros y tripulación.

En la actualidad, la mayoría de los dirigibles se utilizan para sacar fotos aéreas o imágenes para informativos y llevan solo un par de personas. Existen góndolas más grandes, que transportan hasta unas diez personas, para visitar puntos de interés turístico.

Pueden estar compuestos por estructuras rígidas, pero existen naves semirrígidas hechas de materiales sintéticos livianos que mantienen su forma gracias a la presión del gas que hay en su interior.

La canastilla en la que viaja el conductor y los posibles pasajeros se llama *góndola* o barquilla y suele estar hecha de materiales plásticos muy resistentes, pero ligeros.

En la base de las góndolas hay un tanque con agua. Cuando la nave necesita lograr un ascenso veloz, el conductor vacía el agua de lastre y el dirigible se eleva.

Dirigibles de uso militar

A partir de 1912 los dirigibles comenzaron a utilizarse para tácticas de reconocimiento militar. Durante la Primera Guerra Mundial, Alemania contó con los dirigibles del conde de Zeppelin para reconocer las naves y ciudades inglesas y poder atacarlas. Sin embargo, tenían muchas desventajas: no podían usarse en días nublados o de tormenta, y por otro lado, su lentitud los hacía blanco fácil de los aviones bombarderos y de la artillería antiaérea.

El interior del globo

Desde el surgimiento del zepelín, el diseño de los dirigibles no ha variado demasiado: consta de una envoltura que se mantiene rígida gracias a una especie de esqueleto de metal, con una quilla. En su interior hay unas bolsas llenas de aire, llamadas *ballonets,* que se vacían o se cargan de aire para hacer que el aparato suba o baje respectivamente. La presión de aire de los *ballonets* es lo que mantiene la forma de la nave.

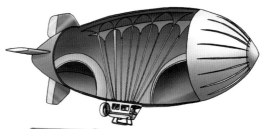

Hoy día se utilizan para anunciar productos y marcas. Se trata de naves con motores eléctricos manejadas por control remoto, que cuentan incluso con iluminación. Tienen formas variadas y colores brillantes.

Los timones de profundidad se utilizan para inclinar la nariz del dirigible y así poder subir o bajar la nave.

Las dos turbohélices orientables permiten el ascenso y el descenso vertical del dirigible. También posibilitan las maniobras en el aire.

Haciendo historia

El dirigible es un modelo que derivó de los globos aerostáticos, y por eso, en un principio, no se diferenciaba demasiado de estos.

El primer dirigible fue el de Jean Pierre Blanchard, quien incorporó un par de «remos» a un globo aerostático. Con este globo, propulsado manualmente, cruzó el canal de la Mancha en 1785.

En 1852 el dirigible ya tenía el aspecto fusiforme que lo caracteriza. Henri Giffard construyó este modelo propulsado por una máquina de vapor de tres caballos. Con él avanzó 17 km (10 mi) en el aire a una velocidad de 6,7 millas por hora. El ingeniero alemán Paul Haenlein fabricó el primer dirigible con un motor de combustión interna de seis caballos. El motor era bastante pesado y usaba como combustible el gas con el que estaba relleno el globo. Esto lo hacía efectivo, pero poco autónomo. El primer dirigible controlable fue el de Charles Renard, en 1884. Era movido por un motor eléctrico y podía volar sin depender de las condiciones del viento. Tenía muy buena dirección y alcanzaba una velocidad promedio de 25 km/h (15 m/h).

¿**Cómo** eran los viajes en diligencia?

L as diligencias fueron los carruajes más populares entre los siglos XVII y XVIII. Al principio se utilizaban solo para transportar el correo de un pueblo a otro, pero más tarde los propietarios de los coches descubrieron que resultaba muy rentable trasladar personas haciendo recorridos fijos, según rutas establecidas.

Un alto en el camino

Las diligencias hacían largos recorridos que solían cubrirse en varias jornadas. Como los caminos eran peligrosos, los cocheros no viajaban de noche. Por eso, a lo largo de las rutas principales, había postas que cumplían la función de modesto hotel. Allí los pasajeros podían descansar y comer. También se cambiaban los animales de tiro por otros que estuvieran descansados. Muchos pueblos nacieron a partir de aquellas antiguas postas.

Otros coches, otros usos

Break o coche de caza

Era un coche de campo, pero contaba con detalles de lujo como interiores acolchados y adornos de bronce. Solía usarse para ir de cacería. En la parte trasera del *break* había una silla más elevada destinada a los perros. Desde ese lugar podían divisar las presas y lanzarse sobre ellas.

En el pescante viajaba el conductor, que estaba expuesto a las inclemencias del tiempo.

Tenían faroles que les permitían iluminar la senda.

En el centro se acomodaban asientos transversales en los que podían viajar entre cuatro y ocho pasajeros. Las paredes solían estar forradas con telas acolchadas para amortiguar los golpes que se daban los viajeros por los movimientos del coche.

Podían estar tiradas por cuatro o seis caballos, que iban andando o trotando, ya que en general los caminos no estaban en buenas condiciones.

Milord

Era un carruaje de ciudad, lujoso, que habitualmente se usaba para pasear. Tenía espacio para dos personas, aunque en la parte trasera del pescante había un asiento plegado, llamado *bigotera,* que admitía a un pasajero más.

El *milord* contaba con una elegante capota que permitía el viaje aun con lluvia.

Landó

Era un coche de gran elegancia, nacido en Alemania a finales del siglo XVIII. El landó contaba con una doble capota que podía unirse en el centro y formar una estructura totalmente cerrada. Las puertas tenían un vidrio plegable que también contribuía a lograr una cabina hermética.

Un invento chino

Uno de los grandes avances del transporte fue la invención de la *collera,* un aparejo con forma de collar de cuero relleno con paja gruesa y abierto en la parte inferior. Se colocaba en los omóplatos de los animales de tiro y evitaba que estos murieran de asfixia. Este invento nació en China hace más de 2000 años y permitió que las personas utilizaran a los animales para tirar de arados, trillas y, más tarde, carros.

La parte superior tenía una barandilla que permitía fijar el equipaje. Sin embargo, muchas veces también en el techo viajaban personas: los pasajeros de «tercera clase».

Moles en movimiento

Las carretas se utilizaban más para el transporte de mercancías que para el traslado de personas, ya que eran muy incómodas. Sus enormes ruedas eran ideales para cruzar ríos y arroyos, pero solían romperse con facilidad. Las carretas eran tiradas por tres yuntas de bueyes o por seis u ocho caballos y hacían trayectos de unos 25 km (15 mi) por jornada. Se cubrían con telas fuertes o pieles de animales y podían ser verdaderas casas rodantes para los pasajeros que necesitaban mudarse de un pueblo a otro. Debido a los peligros que acechaban los caminos, las carretas viajaban en caravanas y cuando llegaba la noche se disponían en círculo alrededor de una fogata en la que se preparaba la cena.

Estaban formadas por una caja rectangular, con cuatro ruedas. Tenían ventanillas laterales y asientos para varios pasajeros.

En la parte posterior había una red para contener otra parte del equipaje. En muchos casos allí se ubicaban asientos en los que viajaban pasajeros de «segunda clase».

¿**Qué** servicios ofrece el autobús?

Hasta hace unos 100 años, los únicos que podían viajar de un sitio a otro de una ciudad eran aquellos que contaban con carruaje propio. A comienzos del siglo xx apareció un medio de transporte público que era algo así como el tren de las ciudades: el autobús. Se trataba de un vehículo con ruedas y capacidad para trasladar a muchas personas tanto sentadas como de pie. Con el paso del tiempo, los autobuses fueron cubriendo el recorrido de ciudades enteras y hoy son uno de los medios de transporte más económicos y populares.

Ciudades en crecimiento

Los primeros autobuses surgieron a comienzos del siglo xx, cuando la Revolución Industrial hizo que las ciudades crecieran y las distancias se hicieran más grandes. Para llegar a sus trabajos, los obreros debían trasladarse en un medio de transporte que, además, fuera económico. Así surgieron los primeros autobuses, coches más grandes que los comunes, que trasladaban a más personas por poco dinero siguiendo itinerarios fijos.

Autobuses eléctricos

El trolebús es una mezcla de autobús y tranvía. Aunque tiene neumáticos como cualquier autobús, avanza gracias a la energía eléctrica que toma de cables que siguen su recorrido mediante un par de pinzas que posee en el techo. Constituye un medio de transporte no contaminante, ideal para zonas escarpadas o montañosas donde el tránsito a motor es muy difícil. Sin embargo, este tipo de autobuses también posee motor diésel que le permite seguir funcionando en caso de corte de electricidad.

Autobuses empresarios

Algunas empresas poseen autobuses propios que llevan a sus empleados hasta los lugares de trabajo. Existen también autobuses que se acondicionan para que los empleados puedan organizar sus tareas o realizar trabajos mientras se trasladan a lugares alejados. En este tipo de buses se instalan ordenadores, escritorios y hasta proyectores para ver imágenes en grandes pantallas.

Los *autocares* (de larga o media distancia) hacen recorridos largos, generalmente entre pueblos o ciudades. Recorren rutas establecidas y cuentan con un horario regular, al igual que los aviones. Como sus recorridos duran varias horas, este tipo de coches presenta comodidades como, por ejemplo, asientos mullidos y reclinables, baños, servicio de *catering* y también televisión y radio para que los pasajeros se sientan cómodos.

Las líneas de *autobuses* hacen un mismo recorrido una y otra vez a lo largo del día. Cada dos o tres manzanas o calles tienen paradas en las que los pasajeros pueden subir o bajar. Estos autobuses recorren los barrios y pueden acercar a la gente a los lugares céntricos de una ciudad.

Los *autocares escolares* tienen velocidad máxima limitada y cuentan con cinturones de seguridad para cada pasajero. Las rutas se estipulan para recoger a los escolares de sus casas y llevarlos al colegio, y viceversa. Son muy característicos y conocidos los *School Bus* amarillos, propios de Estados Unidos y América Latina.

Los *autobuses de dos pisos* son un medio de transporte popular en Londres (Inglaterra), donde el tránsito y el espacio para estacionar son verdaderos problemas. Permite el traslado de más personas en una superficie pequeña.

Los *microbuses* son vehículos pequeños que pueden trasladar a una veintena de personas sentadas. Generalmente transportan viajeros que van de una ciudad a un pueblo con mayor velocidad que un autobús de media distancia.

¿**Cuáles** son las ventajas del trineo ?

robablemente el trineo sea el medio de transporte más antiguo que exista.
Se cree que lo idearon los hombres del Paleolítico para desplazarse durante
la última glaciación, hace unos 10 000 años. Por entonces no se había inventado
aún la rueda, aunque tampoco era necesaria, ya que desplazar un simple tronco
por el hielo era suficiente para viajar muchos kilómetros, incluso trasladando
cargamentos. Aquellos primeros trineos demostraron que no había mejor sistema
para avanzar en superficies con bajo nivel de fricción, como la nieve y el hielo.

El pasamano, que está elevado
unos 80 o 90 cm (31 o 35 in) de la
base, permite que el conductor
o *musher* se agarre con firmeza.

Su estructura, reforzada
por el arco delantero
que puede ser de plástico
o de aluminio, permite
llevar bastante carga
de manera equilibrada.

El *mushing* o tiro
de trineos con perros
actualmente es
un deporte.

En la parte trasera, detrás del freno,
hay una superficie de goma ranurada
que permite ralentizar la velocidad
en pendientes pronunciadas.
De esta manera, el conductor
puede tener total control del trineo.

El trineo cuenta con picos
metálicos que se bajan con
el pie y se clavan en la nieve
para frenar sin dificultad.

La base o suelo es una
sola pieza hecha de
materiales plásticos
o de metal.

Las cuchillas que van debajo
de la base son las que permiten
el desplazamiento. Son semejantes
a esquíes y tienen forma curva
hacia arriba, adelante y atrás.

Animales de tiro

Los habitantes de las heladas tierras del Norte fabricaban sus primitivos trineos con ramas de fresno
sujetas por medio de tiras de piel de foca. Al principio, los trineos se deslizaban únicamente gracias
a la gravedad. Pero más tarde, cuando los pueblos primitivos lograron domesticar animales, se ayudaron
de renos o caribúes para tirar de sus trineos. De esta manera podían recorrer territorios con relieves
variados. Finalmente, los lobos amaestrados, y luego los perros, se convirtieron
en los mejores tiradores de trineo, por su velocidad y su obediencia.

La moto de nieve es como un trineo con motor. En su base cuenta con una oruga de goma que la hace avanzar. En los costados posee esquíes que marcan la dirección. Son máquinas que no requieren caminos o senderos establecidos, por eso, en sus orígenes se utilizaban para repartir correspondencia en sitios alejados. Hoy la moto de nieve se usa para pasear en zonas agrestes o competir en carreras deportivas.

Trineo olímpico

El *luge* es un deporte olímpico en el que se utiliza una plataforma con cuchillas a modo de trineo ligero para desplazarse por una especie de tobogán a gran velocidad. El *luge* no cuenta con frenos ni con timón. Para manejarlo, el deportista usa unas riendas con las que se sujeta y balancea su cuerpo para adaptarlo en las curvas. El descenso en *luge* puede superar los 140 km/h (86 m/h).

Los perros están sujetos al trineo por medio de correas y arneses. La disposición de los animales depende de los recorridos que se hagan y de las velocidades que se deseen alcanzar.

Algunos tiradores colocan a los perros unos pequeños botines que protegen sus patas del frío extremo y de las heridas.

Trineo eólico

A comienzos del año 2006, el español Ramón Larramendi, junto con Juan Manuel Viu e Ignacio Oficialdegui, culminaron una de las grandes hazañas de los últimos tiempos: recorrieron 4500 km (2,796 mi) de tierras antárticas en 63 días a bordo de un trineo tirado por gigantescas cometas. La energía del viento polar posibilitó además que los expedicionarios instalaran sobre el trineo una tienda de campaña para descansar por turnos sin necesidad de detener la marcha.

¿**Cómo** vuela un planeador?

Un planeador es una aeronave sin motor con forma de avión que es capaz de volar planeando, impulsada por las corrientes de aire. Para elevarse utiliza la fuerza de otro avión o de un remolque que lo impele hacia delante hasta hacerlo ascender. A partir de ese momento el aire que pasa por la parte superior del ala, que es curva y larga, genera una fuerza de sustentación, semejante a la fuerza de gravedad, que lo empuja hacia abajo. Ambas fuerzas se equilibran y la nave se mantiene en el aire planeando.

Un arma silenciosa

Durante la Segunda Guerra Mundial (1939-1945), varios de los países en conflicto utilizaron planeadores para el transporte de escuadrones, operarios y carga. Eran naves silenciosas, bastante difíciles de detectar. Sin embargo, sus aterrizajes terminaban casi siempre en tragedias, ya que no había pistas adecuadas para el descenso. Con la aparición de los helicópteros, los planeadores abandonaron definitivamente el campo de batalla.

En busca de buenos vientos

Hacia 1800 sir George Cayley descubrió que no tenía sentido seguir fabricando naves con alas batientes. Para que una nave planeara, simplemente debía tener alas fijas, anchas y con su parte superior redondeada. Otto Lilienthal construyó distintos tipos de planeadores, más parecidos a un ala delta que a un avión, y se lanzó desde las alturas hasta que pudo planear. Lilienthal aprendió a maniobrar los planeadores, aprovechando al máximo las corrientes de aire caliente, y mejoró las características de la nave para controlarla mejor. Murió en uno de sus vuelos.

El aire corre con mayor rapidez sobre la parte superior del ala.

En la misma época, un ingeniero civil llamado Octave Chanute comenzó a trabajar con modelos semejantes a los de Lilienthal. Construyó naves con varios planos, pero no consiguió hacer que se movieran independientemente de las oscilaciones del cuerpo del piloto. Entonces dejó la construcción de planeadores y se dedicó a estudiar la estabilización automática.

AR

AR-22°

La cola es la que proporciona estabilidad y permite una mayor distancia de vuelo.

Los planeadores modernos tienen forma aerodinámica y suelen estar hechos con materiales ligeros pero resistentes, como fibra de vidrio, fibra de carbono o ciertos plásticos.

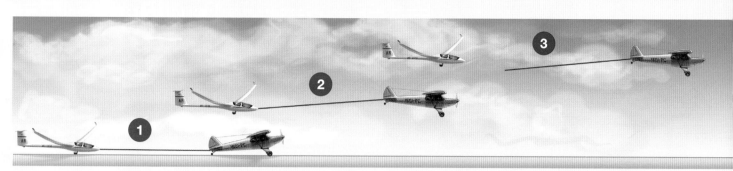

1. Para elevarse, los planeadores deben ser impulsados por remolques aéreos. En el morro del planeador o en la parte inferior del fuselaje se coloca un cable que se engancha a un avión de remolque.

2. El piloto del remolque avanza y luego empieza a volar en grandes círculos ascendentes hasta lograr que ambas naves estén a una altura adecuada. El piloto del planeador solo debe mantener las alas niveladas.

3. El cable va tensado hasta que el planeador comienza a moverse por sí mismo. El remolcador acelera, el planeador nivela sus alas y se libera del cable.

El remolque aéreo eleva al planeador. Este, una vez nivelado, se libera de los cables que lo llevaron a las alturas.

Los primeros planeadores no tenían una cabina cerrada. Por eso, los valientes pilotos debían abrigarse muchísimo para protegerse del frío viento de las alturas. Generalmente usaban ropas de piel cuyo interior estaba forrado con pelo de cordero para lograr un mayor aislamiento. Utilizaban un casco de piel, guantes y gafas que los protegían del viento. Hoy los pilotos viajan dentro de la cabina y no necesitan tanto abrigo.

Los planeadores actuales cuentan con una cabina cerrada y ruedas casi empotradas en el cuerpo de la nave que le dan un mayor aerodinamismo.

Las alas de los planeadores son como palas, muy largas, anchas y delgadas.

Un planeador se mueve solo en descenso, pero la pericia del piloto permite aprovechar al máximo las corrientes térmicas ascendentes para mantenerse más tiempo en el aire.

Los padres del avión

Hacia 1900 los hermanos Wilbur y Orville Wright construyeron una nave que contaba con partes móviles en las alas, lo que le permitía estabilizarse solo moviendo una palanca. Además, tenía un timón vertical móvil. Este primer planeador fue bautizado *Flyer,* y tras su éxito, los hermanos se lanzaron a la aventura de construir una nave con motor. Nacía con ellos el avión.

Planear sin avión

Uno de los métodos más simples y económicos para elevar un planeador es el remolque, aunque también se utilizan camionetas 4 × 4. Este auto o tractor está equipado con un motor que enrolla un cable de acero de unos 1500 m (4,921 ft). El cable se engancha al planeador y el coche acelera hasta de que logra elevar el planeador a unos 500 m (1,640 ft) de altura. Luego, el cable se desengancha y el planeador sigue su vuelo de manera autónoma.

¿**Cómo** funciona un tranvía?

El tranvía es un medio de transporte que funciona gracias a la electricidad que generan y transforman las subestaciones eléctricas. La máquina toma la corriente eléctrica por medio de un brazo articulado que tiene en el techo y se conecta con una línea de alta tensión que lo acompaña en todo el recorrido, la *catenaria*. La corriente eléctrica pasa por llaves electromagnéticas que están en el techo, para evitar una posible sobrecarga, y finalmente llega a los motores que mueven el vehículo.

Un cable de cobre, elevado a más de 5 m (16 ft) del suelo, proporciona energía al coche por medio de una pieza que está en el extremo del brazo articulado, el *pantógrafo*. La electricidad vuelve por las vías a la subestación eléctrica y de esta manera se cierra un circuito de corriente continua.

El *pantógrafo* roza el cable en su parte inferior. El trole (otro sistema semejante), por otra parte, cuenta con una pequeña polea que gira sobre el cable. Cualquiera de los dos sistemas sirve para tomar la energía eléctrica.

El bastidor y el sistema articulado son piezas que permiten mantener el *pantógrafo* siempre en contacto con la catenaria.

Las ruedas acanaladas calzan en las vías metálicas y permiten que el deslizamiento sea suave y silencioso.

Cuenta con ordenadores que controlan que la circulación de corriente eléctrica fluya sin problemas. También conectan al coche con la central.

Tranvía tirado por caballos

A finales del siglo XIX aparecieron los primeros tranvías en la ciudad de Nueva York (Estados Unidos). Eran grandes coches con ruedas acanaladas que circulaban sobre un carril metálico fijado al suelo. Pero, a diferencia de los tranvías que llegaron después, estos estaban tirados por caballos o mulas. Aunque los rieles hacían que los recorridos fueran fijos, resultaron un verdadero avance para el transporte.

Tren muy ligero

El tren ligero es semejante al tranvía, pero cuenta con la posibilidad de arrastrar un acoplado o vagón al igual que los trenes comunes. Este medio de transporte se mueve por la energía eléctrica que obtiene del cable de la catenaria, pero en sitios donde es necesario trasladar grandes cargas también posee motores diésel. Conecta zonas urbanas con pueblos alejados y va por vías exclusivas para su recorrido.

Los postes de hormigón distribuidos periódicamente permiten sostener el tendido de cables sin peligro.

Posee sistemas de protección tales como pararrayos, interruptor de electricidad, bobinas y fusibles que actúan ante una sobrecarga eléctrica.

Puntos a favor

Durante mucho tiempo los tranvías fueron reemplazados por los autobuses. Pero en los últimos tiempos ha habido un resurgimiento de este medio de transporte en todo el mundo. Esto se debe a diversas causas:

* El tranvía es el medio de transporte masivo menos contaminante. Se mueve por energía eléctrica y consume menos electricidad que cualquier sistema de trenes.
* Existen tranvías movidos por energía eléctrica que surge de molinos eólicos, menos contaminantes aún.
* Ocupa menos lugar que un autobús, por eso es ideal para las ciudades muy pobladas.
* Se desplaza sobre la superficie, lo que permite tener más facilidad de acceso que otros medios de transporte semejantes.
* Realiza recorridos similares a los de los autobuses, pero de manera más silenciosa y sin el uso de combustibles fósiles.

Igual que en los trenes

El tranvía se apoya sobre estructuras llamadas bojes, que son especies de bastidores o chasis sobre los que se montan las ruedas y los motores del coche. El boje es el sector que está en contacto con las vías y transforma la energía eléctrica que llega al motor en la energía cinética de las ruedas. En el boje también se ubica la suspensión neumática y los amortiguadores que aseguran la comodidad durante el viaje.

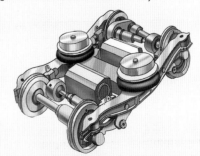

¿**Por qué** se sumerge un submarino ?

Los submarinos están compuestos por dos cascos. El interno es resistente, de forma cilíndrica, y contiene los compartimentos. Por fuera de este casco hay otro con la forma hidrodinámica característica. Entre los dos existen cámaras que se llenan de agua para que la embarcación pese más y se sumerja, o se vacían de agua y se llenan de aire para que esta ascienda y emerja a la superficie. Esta regulación se hace mediante la apertura y el cierre de las esclusas situadas en el casco externo.

Los submarinos modernos se mueven gracias a la energía que proporcionan sus reactores nucleares.

Una enorme *hélice* propulsa la nave hacia delante.

Los *timones horizontales* (de proa y de popa), al igual que los de un avión, ofrecen estabilidad en las ascensiones e inmersiones.

Los *timones verticales* permiten maniobrar la nave hacia uno y otro lado y también en los giros.

Una historia bajo el agua

El sueño de una nave que se mueva en el interior de las aguas y sorprenda a los enemigos data de los tiempos de Alejandro Magno, cuando se usaban campanas invertidas para minar las naves fenicias...
Lo cierto es que pasaron muchos años e inventos hasta llegar a los modernos submarinos.
Aparentemente, el primer diseñador de un sumergible fue el matemático inglés William Bourne, que ideó, hacia 1580, una nave con un casco semejante al de cualquier embarcación, cubierta con otra barca y reforzada con un cuero engrasado y remos. Su invento fue llevado a la práctica años más tarde por Cornelius Drebbel, quien fabricó otros dos modelos con bastante éxito.

Naves autosuficientes

Los primeros submarinos eran simples sumergibles que no podían pasar demasiado tiempo bajo el agua, pues debían abastecer a sus tripulantes de oxígeno y agua potable. Navegaban sobre la superficie y solo se sumergían cuando iban a atacar una nave. Hoy en día, gracias a la energía nuclear, los reactores que mueven estas embarcaciones también reciclan el oxígeno y el agua permitiendo que la nave solo suba cuando hacen falta provisiones para los tripulantes.

Sobre la torre de mando emergen las antenas de comunicación y el periscopio.

Cuando un submarino emerge, la *torre de mando* es el único sector que se ve sobre la superficie.

En el *casco interno* se encuentran los compartimentos (camarotes, sala de mando, central de informaciones, periscopio, controles de tiro, comedor, baños, cocina) en los que transcurre la vida de los marinos y desde donde se comanda la nave.

Es una nave de guerra: en su proa se encuentran alineados los torpedos y misiles nucleares, listos para ser disparados.

Visor subacuático

El periscopio es una herramienta fundamental de los submarinos, ya que permite ver lo que hay en la superficie sin necesidad de que la nave emerja. Está ubicado sobre la torre de control y se trata de un tubo largo, hueco y maniobrable con un juego de espejos y lentes que dan una imagen clara de lo que hay en la superficie.

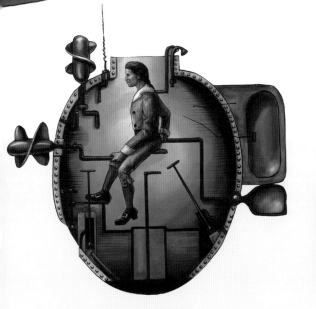

El primer antecedente de un sumergible real data de 1776, cuando el inventor estadounidense David Bushnell fabricó la *Tortuga,* una especie de tonel de madera impermeabilizado con goma y reforzado con hierro. Esta «nave» contaba con hélices que la propulsaban y un timón que le daba dirección. Fue pensada para destruir desde abajo con explosivos, el casco de las naves inglesas pero nunca logró su cometido.

El primer submarino al que se le incorporó una máquina de vapor para su desplazamiento fue el *Ictineo II,* invención del catalán Narciso Monturiol. La embarcación tenía doble casco, vejigas de flotación de cobre y una eslora (largo) de 17 m (55 ft), y estaba pensada como nave de guerra. Pero la falta de apoyo al proyecto y el encarecimiento de las pruebas terminaron por hacerlo caer en el olvido.

¿**Cómo** funcionan los automóviles?

Hay coches de lujo, deportivos, de trabajo y familiares. Son muy distintos en su aspecto exterior, pero todos tienen algo en común: un motor delantero y tracción en las ruedas delanteras, en las traseras, o bien en todas. Una serie de piezas y engranajes que se accionan mediante la palanca de cambios transmiten la velocidad a las ruedas para que giren más rápido o más lentamente, y un circuito de tuberías refrigera continuamente el motor.

La pantalla del coche

Los salpicaderos exponen datos fundamentales para el buen mantenimiento de un coche. Indican la temperatura del motor, la velocidad y distintos aspectos del estado del coche, como la cantidad de combustible existente y los kilómetros que se pueden recorrer con lo que queda en el depósito. También informan sobre algún problema en el funcionamiento de una parte vital del coche.

Ríos de coches

Cada vez son más los coches que hay en el mundo. Por eso, día a día se construyen extensas redes de caminos, autopistas y carreteras que atraviesan la totalidad de las ciudades del mundo. Las autopistas comunican las ciudades; las carreteras, los pueblos y países. Como en las carreteras se puede conducir a gran velocidad, están reguladas con señales de tráfico universales para ofrecer más seguridad.

Las ruedas constituyen la única parte del coche que está en contacto con el pavimento. Son las que utilizan la fuerza que se genera en el motor y la convierten en movimiento. Los dibujos de los neumáticos permiten mayor adherencia al suelo.

Una bomba hace circular un líquido refrigerante que enfría el motor evitando que se recaliente. El radiador mantiene el líquido frío.

Al pisar el freno se activa una serie de piezas fijas (zapatas y mordazas) y móviles (tambor) que se tocan y se presionan hasta impedir que el coche se mueva. La mayoría de los coches actuales cuentan con el sistema de freno de disco, además de ABS (sistema antibloqueo de frenos).

El corazón del vehículo

Los motores de los coches transforman la energía del combustible en movimiento. La mayoría de los coches poseen un motor de cuatro tiempos. Estos motores funcionan gracias a una sucesión de explosiones que mueven los cilindros y accionan una pieza denominada cigüeñal. En el primer tiempo, un pistón baja y aspira combustible y aire. El segundo pistón sube y comprime la mezcla. En el tercer tiempo la mezcla explota y hace que el pistón baje. En el último tiempo, el pistón sube y expulsa los gases hacia el tubo de escape. Como resultado de este ciclo, se liberan calor y gases.

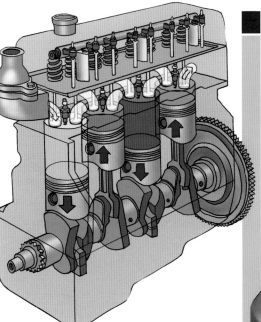

El depósito es la reserva de combustible que necesita el motor para funcionar.

Coches ecológicos

Está comprobado que los coches contaminan enormemente la atmósfera con emanaciones de dióxido de carbono. Por eso, desde hace años los fabricantes buscan alternativas para suplir los combustibles fósiles que generan este gas de efecto invernadero.

Energía solar

El uso de paneles solares para mover automóviles se viene utilizando desde hace tiempo. Aunque algunos modelos parecen sacados de películas de ciencia ficción, ya existen camionetas y automóviles de aspecto semejante a cualquier vehículo familiar que funciona gracias a la energía que generan los paneles solares de sus techos.

Sin pilas ni cables

Los coches eléctricos tuvieron su auge a mediados de la década de 1990, pero no lograron incorporarse definitivamente al mercado. Sus detractores aseguran que para generar electricidad es necesario utilizar carbón y petróleo; por tanto, no son tan inocuos. Actualmente existen híbridos, coches con un motor de gasolina y otro eléctrico, que resultan bastante efectivos a la hora de cuidar el medio ambiente.

Coches de agua

Hace años se viene trabajando en un proyecto de motores impulsados por hidrógeno. Uno de los métodos implica la utilización de un tubo que se carga con agua y boro. Esta combinación genera el hidrógeno que hace funcionar el motor de estos coches. Otro sistema, que ya es una realidad, es el de las pilas de hidrógeno que se instalan sobre el chasis.

El tubo de escape permite que salgan al exterior los gases residuales que genera el motor del coche.

El chasis es una estructura sobre la que se apoyan todas las partes del coche.

La caja de cambios transmite la fuerza del motor a las ruedas. Los cambios son engranajes de distintos tamaños que imprimen fuerza en el arranque y, cuando el coche está en movimiento, aprovechan la velocidad y la inercia para dar más velocidad.

Muelles y amortiguadores son piezas que unen las ruedas al chasis del coche y absorben los golpes y las irregularidades del suelo, equilibrándolo para dar más confort a los pasajeros.

¿**Por qué** vuela un avión?

Los aviones son naves voladoras y constituyen el medio de transporte más veloz que existe. ¿Cómo vuelan si son máquinas más pesadas que el aire? Lo hacen gracias a sus alas fijas y al aire, a la llamada fuerza de sustentación. La corriente de aire que pasa por la cara superior del ala va más rápido que la corriente de aire que va por debajo de esta, y también tiene menos presión. Esto hace que el ala se incline hacia arriba y sea empujada desde abajo, dando sustentación a la nave.

Los pies de la nave

El *tren de aterrizaje* es un dispositivo móvil que queda oculto dentro del fuselaje durante el vuelo. De esta manera, se logra mayor aerodinamismo y se disminuye la resistencia del aire. En el momento del aterrizaje o antes del despegue, tres grupos de ruedas bajan y toman contacto con el suelo. La mayoría de los aviones tiene un tren de aterrizaje en la parte delantera y dos debajo de las alas.

El *timón de dirección* es una superficie móvil que permite el giro del avión sobre su eje vertical.

Con el *timón de profundidad*, el piloto sube y baja el morro, controlando la altitud del vuelo.

Aviones supersónicos

En 1969 el mundo de la aeronáutica se sorprendió con uno de los más impactantes aviones comerciales, el *Concorde*. Era un avión supersónico (volaba más rápidamente que el sonido) y muchos pensaron que sería la nave del futuro. En el año 2000 se produjo un grave accidente cuando un *Concorde* se estrelló al despegar del aeropuerto de París. En 2003, tras 34 años de uso, el *Concorde* dejó de volar y desde entonces no existen aviones comerciales supersónicos.

Cabina de vuelo

En la cabina de vuelo, el capitán y los tripulantes controlan el avión por medio de complejos instrumentos. Esta cabina es el centro de operaciones del avión y donde pueden hallarse indicadores de altitud, de velocidad y dirección que permiten manejar con seguridad la nave. Existen dispositivos totalmente computarizados que posibilitan el despegue y el aterrizaje incluso cuando hay baja visibilidad.

Las diferencias de velocidad y presión entre las corrientes superior (parte redondeada del ala) e inferior (parte recta del ala) elevan la nave y le permiten mantenerse «flotando» en el aire.

El despegue

① Para el despegue, el piloto pone los motores en marcha a su máxima potencia y avanza en la pista.

② Al recorrer la pista alcanza la velocidad de despegue (215 km/h [133 m/h]).

③ El piloto eleva el morro de la nave ayudado por el timón de profundidad. Aumenta la fuerza de sustentación y la nave despega.

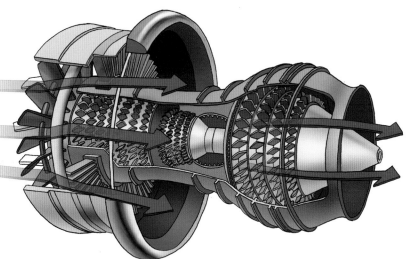

Motores superpoderosos

Los aviones tienen cuatro poderosos motores llamados *turbinas* o *turborreactores*. El turborreactor succiona el aire y lo comprime por medio de una serie de palas que giran. El aire succionado entra en las cámaras de combustión, se mezcla con el combustible y produce una llama. Al calentarse, el aire sale a gran velocidad. Esto genera un empuje que hace que la nave avance.

Las *turbinas* son los motores que impulsan al avión y permiten que este avance en el aire.

El cuerpo de la nave se llama *fuselaje*. Es hueco, alargado y aerodinámico, y esto permite «cortar» el aire y avanzar sin que ofrezca resistencia. En su interior se encuentran los asientos para los pasajeros y la bodega donde se transporta la carga.

En las alas hay partes móviles: los *spoilers* o aerofrenos, que se levantan para desacelerar la nave durante el aterrizaje; los alerones, que acompañan el movimiento de la trompa, y los *flaps,* que aumentan la curvatura del ala permitiendo más sustentación a bajas velocidades.

Los auxiliares de vuelo son parte de la tripulación que viaja en el avión. Su misión principal es ofrecer seguridad y confort a los pasajeros. Generalmente, antes de que el avión despegue, se encargan de explicar el modo de actuar ante posibles emergencias durante el vuelo.

Los pilotos tripulan la nave desde la cabina de vuelo que está en la parte superior del morro del avión.

El aterrizaje

A unos 400 m (1,312 ft) de altura comienzan las maniobras de aterrizaje. Baja el tren de aterrizaje y los *flaps* se acomodan a 40°.

A 100 m (328 ft) de altura, el piloto mantiene una velocidad constante de descenso (250 km/h [155 m/h]).

Cuando el tren de aterrizaje toca el suelo, el piloto extiende los aerofrenos y pone la reversa. Al frenar totalmente, el piloto recoge los *flaps* y los aerofrenos.

Torre de control

En los aeropuertos hay una gran cantidad de aviones que despegan y aterrizan. Para controlar cuándo debe salir un avión y cuándo debe descender otro, están los operadores de las torres de control. En los pisos superiores, los controladores ven qué sucede en la pista. Los controladores de los pisos inferiores observan el curso de los aviones en vuelo mediante pantallas con radares.

¿**Cómo** es un buque
mercante ?

Probablemente fueron los egipcios los primeros en utilizar pequeños barcos de madera, de vela, para transportar mercancías por el Nilo y el Mediterráneo. Desde entonces, la náutica ha cambiado enormemente y hoy los buques mercantes no solo son de hierro: también cuentan con poderosos motores diésel y un gran espacio para transportar todo tipo de mercancías (maquinarias, contenedores, coches, cereales...), en rutas que cruzan todos los mares del mundo.

Cargando contenedores
En los muelles de los puertos hay grúas especiales –llamadas *gantry*– que permiten la carga y descarga de los contenedores de los barcos. En las bodegas de los buques portacontenedores hay unas columnas o guías que forman *celdas* donde se ajusta cada uno de los contenedores; de esta manera, todos quedan firmemente sujetos. Sobre la cubierta van asegurados por medio de barras y cadenas que sujetan la carga para que no se mueva.

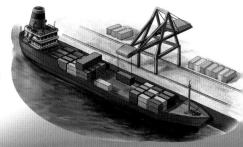

Naves con distintas funciones
Aunque la mayoría de los buques mercantes transportan contenedores, existe una gran variedad de naves con estructuras diferentes que cumplen diversas funciones, según la carga que lleven. Más allá de la función que tengan, todos los barcos cuentan con una marca que indica la cota máxima que se puede cargar.

Superpetroleros
Se trata de barcos petroleros de gran tamaño, capaces de trasladar entre 200 000 y 400 000 toneladas de petróleo crudo. Para evitar accidentes y vertidos de petróleo, estas naves poseen doble casco, lo que las hace menos susceptibles a los daños por colisión. A pesar de ser tan enormes, la mayoría de estos buques lleva una tripulación de menos de 30 personas.

Gaseros
Se trata de barcos mercantes muy sofisticados que, al igual que los petroleros, tienen casco doble que los hace muy seguros. En el lugar de las bodegas, estos buques cuentan con enormes tanques de acero corrugado o de aluminio en cuyo interior se traslada gas natural licuado a muy bajas temperaturas (más de 150º [-238 °F] bajo cero).

Las grúas son eléctricas, con sistemas hidráulicos. Son fundamentales, ya que se utilizan para la carga y descarga de mercancías de mucho peso.

El casco, como cada pieza de la nave, se construye a partir de la quilla y unas estructuras con forma de costillas que se unen a aquella. A esta estructura se le sueldan placas de acero.

La parte delantera de la nave se llama *proa*. Debajo de la punta en forma de «V» hay una sección esférica llamada *bulbo* que permite cortar mejor el agua para evitar su resistencia.

El interior del casco se llama bodega. Algunos buques mercantes, como los que transportan contenedores, llevan sus bodegas repletas de cereales, como si fueran enormes «cubetas» que se cargan hasta la tapa de la bodega o la cubierta.

Puerto y muelles

Los puertos son lugares de aguas tranquilas, con instalaciones preparadas para que los barcos atraquen, descarguen o carguen mercancías. En ellos, los buques se abastecen de combustible, herramientas, maquinaria y provisiones para poder navegar durante meses sin que nada falte a bordo. Actualmente es muy habitual ver contenedores en los puertos, ya que este tipo de recipiente de carga es idóneo para transportar gran variedad de mercancías, objetos pequeños o bien maquinarias, motores o piezas de laboratorio sin riesgo de que algo se pierda. Los buques portacontenedores más grandes pueden trasladar desde 200 hasta 10 000 contenedores de 6 m (19 ft) de largo con carga.

En la parte habitable, llamada casillaje, vive la tripulación. Allí se encuentra el *puente de mando* desde donde se gobierna la nave. Los tripulantes pasan varios meses embarcados, por eso estas naves también cuentan con camarotes y otros servicios, como gimnasio, enfermería, cocina, salas de esparcimiento, biblioteca, etc.

Todas las embarcaciones cuentan con antenas de radar que poseen un alcance de radio determinado y permiten que la tripulación sepa qué sucede alrededor de la embarcación. Gracias a estos radares se evitan accidentes y colisiones.

La parte trasera de la nave es la *popa*. En esta zona se encuentran –bajo la superficie del agua– el timón, que permite dar dirección a la embarcación, y la o las hélices que la propulsan.

Debajo del casillaje están las máquinas que propulsan la nave y los talleres de reparaciones generales.

Las naves utilizan sistemas de comunicación vía satélite para comunicarse con los puertos, con los dueños de buques, los agentes marítimos y las autoridades del puerto.

La cubierta da resistencia al buque para que no se parta y estanqueidad para que no entre agua en los espacios de carga. De esta manera, fija las condiciones físicas del barco y evita que se hunda.

Buques de guerra

Los portaaviones son enormes buques de guerra y constituyen bases móviles para aviones de combate o de reconocimiento. Además de poder transportar varias decenas de aviones, cuentan con una larga cubierta que hace las veces de pista de aterrizaje o de despegue. Debido a que la pista no es tan extensa como la de un aeropuerto, los portaaviones cuentan con un equipamiento para impulsar y detener a las naves que despegan o que arriban a él.

¿**Cómo** es un camión por dentro?

Los camiones son vehículos especiales que se utilizan para el transporte de grandes cargas. La mayoría de ellos están compuestos por una estructura llamada *chasis* sobre la que se apoyan la cabina y el motor (la cabeza tractora) y una estructura trasera o remolque sobre la que se coloca la carga. Los camiones poseen potentes motores diésel y cuentan con una caja de cambios con varias velocidades.

El morro de la cabina es corta; esto le permite al conductor tener una visión más frontal y manejar mejor el radio de giro. Desde la cabina el conductor controla los frenos y las luces de la cabeza tractora y del remolque.

Su motor es diésel con turbocompresores, que dan más potencia, especialmente en el arranque. Este tipo de motor utiliza más combustible, pero es muy potente. La gran cantidad de cambios ofrece mayor adaptabilidad a todo tipo de terreno y al peso de la carga.

En general se utiliza para hacer largos recorridos; por eso debe ofrecer numerosas comodidades al conductor. Tiene asientos reclinables con amortiguadores propios y litera para pernoctar con comodidad dentro de la cabina.

Las ruedas delanteras son simples, pero las traseras son gemelas o duales y proporcionan más estabilidad al camión repartiendo el peso de la carga.

Camión de bomberos

Los coches de bomberos son vehículos especialmente preparados para socorrer en caso de incendios u otro tipo de emergencias. Algunos cuentan con tanques y bombas para lanzar potentes chorros de agua (casi 3000 litros por minuto) y apagar los incendios. Otros tienen plataformas o escaleras que se extienden para llegar a grandes alturas y desde allí socorrer a personas o apagar el fuego.

Portacoches

Los camiones portacoches poseen largas plataformas y rampas que permiten ubicar los vehículos y sujetarlos por medio de correas y cuñas, en dos niveles. La plataforma superior se baja y se cargan los coches. Una vez que estos se ubican y se sujetan, la plataforma se eleva por medio de pistones hidráulicos. Luego se cargan los vehículos de la plataforma inferior. Este tipo de camiones puede transportar hasta nueve coches.

El *deflector* es un alerón de fibra de vidrio que se coloca en la parte superior de la cabina para ofrecer menor resistencia.

Los camiones pueden trasladar todo tipo de cargas. Su forma se adapta a los diferentes usos: pueden remolcar simples plataformas rectangulares, remolque con grúas, silos y tanques para granos o líquidos.

Los camiones hormigonera transportan un material –el hormigón– que debe estar en continuo movimiento para no fraguar. Para esto, sobre la plataforma cuentan con una enorme cuba que gira continuamente gracias al impulso de un motor auxiliar. Otro tipo de camiones, como el volquete, cuenta con partes móviles que se levantan o se bajan gracias a brazos extendibles accionados por poderosos sistemas hidráulicos. Un líquido empuja un pistón que se encuentra en la base del volquete y lo eleva. Cuando el volquete se vacía de carga, el pistón desciende.

Cabina basculante

A diferencia de un camión con morro (en el que el motor está delante), el frontal es mucho más corto y el motor se sitúa debajo de los asientos. Para acceder a este sector, la cabina, que es de metal, resistente pero ligera, se desplaza hacia arriba y adelante por medio de un sistema hidráulico de pistones.

Cada pieza del camión tiene un chasis propio. El chasis de la cabeza tractora de un semirremolque tiene una junta en forma de plato sobre la que se calza el remolque.

Los remolques suelen estar hechos de materiales aislantes que protegen la carga de las diferencias térmicas del ambiente y de posibles golpes.

En la parte inferior del chasis se ubica el depósito de combustible.

¿**Qué** ventajas tiene el metro?

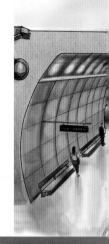

El metro o subterráneo es uno de los medios de transporte de pasajeros más efectivos para las grandes ciudades. Se mueve gracias a la energía eléctrica que toma de una línea aérea que acompaña su recorrido, y por ello resulta poco contaminante. Como la mayor parte de su itinerario lo hace por túneles subterráneos, causa muy pocos problemas de tráfico y esto mismo lo convierte en un medio de transporte veloz.

La catenaria va colgada de la bóveda de los túneles en toda tu extensión. Al igual que en los trenes eléctricos y los tranvías, provee de electricidad a los motores. La energía eléctrica vuelve por las vías a las subestaciones, cerrando el circuito de electricidad continua.

Las estaciones son los únicos sitios donde los convoyes se detienen. Muchas estaciones se conectan entre sí por galerías y túneles.

ESTACION PLATA

LINEA B

N/5007

Agujas y tirantes

Algunos trenes siguen itinerarios separados a partir de un determinado lugar. Para ello se construyen ramificaciones en las vías que permiten que el tren cambie de carril suavemente. Allí se instalan agujas, piezas móviles interiores que van de un carril al otro y desplazan la formación hacia un lado. La parte móvil de las agujas se fija al otro ramal por medio de tirantes que evitan que el cambio sea brusco.

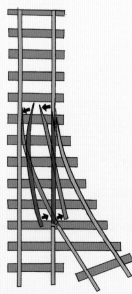

Algunos servicios de metro cuentan con vías paralelas que proveen electricidad directamente a los motores.

Un circuito de túneles

La superficie de un terreno se explota al máximo cuando el metro es subterráneo. Para acceder a las estaciones, los usuarios cuentan con escaleras fijas o mecánicas, y también con ascensores pensados para aquellos con movilidad reducida, como ancianos, personas con discapacidad o bebés. Los pasajeros esperan la llegada de los convoyes en los andenes.

Centro de control

Algunas estaciones de metro disponen de centros de control para visualizar todas las instalaciones de la red y asegurarse de que todo funcione correctamente. Los controladores cuentan con pantallas y ordenadores donde observan desde el funcionamiento de las escaleras mecánicas, el nivel de iluminación, los ascensores, hasta la ventilación en los andenes y los túneles.

Cuando el convoy o formación se detiene en la estación, las puertas se abren para que los pasajeros bajen y suban. Antes de arrancar, las puertas se cierran herméticamente.

Los pasajeros pueden viajar sentados o de pie sin peligro, gracias a que las ruedas elásticas se desplazan de forma suave y no hay riesgo de frenadas bruscas.

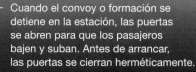

Trabajo bajo tierra

Para la construcción de los túneles subterráneos del metro se utilizan diversas técnicas. Parte de las obras se realizan a cielo abierto, con la excavación de enormes zanjas que luego se refuerzan con columnas y se techan con vigas. Otra parte se realiza con grandes máquinas perforadoras o tuneladoras, que la mayoría de las veces son guiadas por ordenadores. Los trabajos se realizan por secciones para reforzarlos correctamente.

Cada vagón se apoya en dos chasis llamados bojes. En cada uno de los bojes que hacen mover la formación hay dos motores. Los vagones remolcados tienen también dos bojes, pero sin motor.

Los tornos se abren cuando los pasajeros presentan el billete.

Cuenta con un pararrayos y un disyuntor que, en caso de sobrecarga eléctrica, deriva la electricidad a tierra o detiene los motores para evitar accidentes.

¿**Cómo** levanta el vuelo un helicóptero?

E l helicóptero no tiene alas como los aviones, pero cuenta con un sistema giratorio llamado *rotor* que hace girar varias aspas o palas hasta lograr sustentación. El aire pasa a través de sus aspas y genera una diferencia de presión que lo hace ascender. Para que el helicóptero no gire sobre su propio eje, tiene otra hélice que rota en sentido contrario y de esta manera equilibra las fuerzas. Esto es lo que se llama *sistema antipar.*

El fuselaje de los helicópteros más modernos se realiza con fibra de carbono, que resulta ligera y resistente a la vez.

En algunos helicópteros, los rotores están acoplados uno encima del otro en un mismo eje.

Para que se eleve, la velocidad del rotor debe ser constante.

El rotor tiene dos o tres aspas dispuestas de manera simétrica.

Un antecedente artístico
Hacia el año 1500 el ingeniero y artista italiano Leonardo da Vinci diseñó y dibujó el boceto de un artefacto volador con un rotor helicoidal, es decir, en forma de espiral. Leonardo pensaba que el rotor podría impulsarse con la fuerza humana. Sin embargo, hoy sabemos que nunca hubiera logrado hacerlo funcionar, ya que esta energía es insuficiente para elevarlo.

Juan de la Cierva
El murciano Juan de la Cierva (1895-1936) desarrolló una aeronave que contaba con un rotor semejante al de los actuales helicópteros. Pero en este caso, el rotor no estaba conectado a ningún tipo de motor; solo giraba por la acción del viento. El *autogiro,* así se llamó su invento, realizó su primer vuelo en 1923 y logró recorrer una distancia de más de 200 m (656 ft).

La mayoría de los helicópteros cuenta con un rotor de cola que le da dirección y mantiene la posición de la nave.

Probablemente el invento del argentino Raúl Pateras Pescara sea el verdadero antecesor del helicóptero. El aparato inventado por Pescara, en 1916, el *Helicóptero Paracaídas Pescara III,* tenía un rotor que giraba gracias a un motor de 180 caballos de potencia. Fue la primera aeronave de este tipo que logró un ascenso eficiente y una velocidad de 135 km/h (83 m/h), un verdadero récord para aquellos tiempos.

La mayor parte de los modelos militares, que suelen ser los más grandes, poseen rotores en la parte delantera y trasera que giran en sentidos opuestos.

Las aspas son curvas en la parte superior y algo cóncavas en la parte inferior.

Para todo uso

El helicóptero posee una gran ventaja sobre las demás aeronaves: puede elevarse y aterrizar en espacios pequeños, lo que lo hace ideal para su uso en las ciudades. Es idóneo para todo tipo de patrulla, desde policial, para perseguir delincuentes, hasta forestal, para fumigar con insecticidas o apagar incendios. Las pistas de aterrizaje y despegue de los helicópteros se llaman helipuertos y pueden ubicarse en la azotea de algunos edificios.

Durante el vuelo las ruedas se pliegan dentro del fuselaje.

■ En movimiento

El helicóptero cuenta con palancas que ajustan la inclinación del rotor y, en consecuencia, de las aspas, para generar distintas acciones.

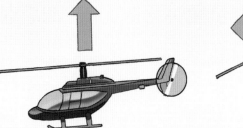

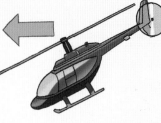

Arriba, abajo

Para ascender, el aire debe tener igual incidencia en todas las aspas; para eso, una palanca ajusta la inclinación de las palas. El giro constante hace que las aspas funcionen como un enorme ventilador que eleva, hace flotar o descender al aparato.

Hacia delante

Cuando el piloto quiere cambiar de dirección, debe hacer que el rotor se incline para que el aire incida de diferentes maneras en las aspas.

En círculos

Para girar, el piloto debe inclinar la nave en la dirección de giro y luego controlar la velocidad de giro del rotor de cola. De esa manera se logra rotar el fuselaje en la dirección deseada.

¿**Cómo** funciona una moto?

La moto es un medio de transporte muy económico y práctico. Es ideal en las ciudades con mucho tráfico y no requiere demasiados conocimientos para su conducción, ya que su maniobrabilidad es semejante a la de la bicicleta. Las motos de carretera son las que vemos habitualmente en las ciudades, pero también existen las de competición (de motocross y de carrera), específicas para distintos terrenos y altas velocidades.

El guardabarros protege al conductor del barro y las piedras que puedan saltar durante su carrera.

Nace la moto

En 1885 el ingeniero alemán Gottlieb Daimler construyó una bicicleta de aspecto extraño, con una rueda delante, otra atrás y dos pequeñitas que le daban más estabilidad. A esta estructura de madera le acopló un motor de combustión interna. Nacía así la primera moto de la historia, un aparato que era capaz de recorrer 18 km (11 mi) en una hora.

La horquilla delantera va sujeta al manillar y a la rueda delantera. Generalmente tiene amortiguadores para la suspensión delantera.

Puede tener un motor de dos o cuatro tiempos que va sujeto a la rueda trasera mediante una cadena e impulsa al conjunto.

Carreras con sidecar

El sidecar es un suplemento que se acopla a la moto y permite llevar acompañantes al lado. Consta de un bastidor con una sola rueda y una carrocería que protege al pasajero. Fue muy popular tras la Segunda Guerra Mundial, pero a partir de 1970 cayó en desuso. Existen carreras de motos con sidecar en las que el acompañante debe moverse y cambiar de posición para equilibrar el peso y mantener la estabilidad de la moto.

Giros peligrosos

Mientras que en las rectas el motociclista va erguido, cuando da una curva a gran velocidad debe inclinar su cuerpo hacia el lado interno de la curva. De esta manera mantiene la estabilidad en el giro y puede continuar manteniendo la velocidad. Los corredores profesionales utilizan protección en las rodillas, hombros y codos, zonas del cuerpo que corren más riesgo en estas situaciones.

Los neumáticos de las motos de motocross tienen dibujos muy marcados para aferrarse bien a los distintos terrenos.

Tiene frenos de disco en la rueda delantera y, a veces, en la trasera.

Trikes

Una tendencia que parece estar creciendo en los últimos tiempos es la de los *trikes,* motos de tres ruedas. Son más estables que las motos tradicionales y poseen amplios portaequipajes para transportar cosas. Existen *trikes* sencillos para manejarse en la ciudad que no superan los 50 km/h (31 m/h), y modelos más lujosos, mezcla de coche y de moto, con cajas de cinco velocidades, capaces de superar los 150 km/h (93 m/h). Algunos tienen las dos ruedas paralelas delante y la tercera detrás, y otros a la inversa.

Moto de ciudad

La *scooter* es un tipo de moto propia de la ciudad que no alcanza grandes velocidades pero es muy cómoda y fácil de manejar. Tiene ruedas pequeñas, una estructura abierta y baja, lo que le permite al conductor ir sentado y no a horcajadas, como en las motos tradicionales. Posee una carrocería mucho más cerrada que la de las motos tradicionales e incluso cuenta con un compartimiento para guardar pequeños bultos.

No consume demasiado combustible, por eso, tiene el depósito de gasolina pequeño.

Posee cambios de marcha que se activan pisando o levantando el pedal. Las motos más modernas tienen entre cinco y seis cambios de velocidad.

¿**Qué** es un
ala delta?

E l ala delta es, sin duda, la máquina que más acerca al ser humano a imitar el vuelo de un pájaro. Para volar solo se necesita un ala delta y un piloto que transporte, vuele y aterrice sin más ayuda que la de su cuerpo. Igual que los planeadores, el ala delta no levanta el vuelo solo: para elevarse, el piloto debe lanzarse desde una colina o una montaña, o elevarse desde el suelo con la fuerza de otra nave o de un remolque.

Poner el cuerpo

El ala delta se controla gracias a los movimientos y desplazamientos del piloto. Si el cuerpo se echa hacia delante, el ala delta toma más velocidad. Con el cuerpo echado hacia atrás, la velocidad disminuye. Cuando el piloto inclina el cuerpo hacia un lado, el ala delta se desplaza en el mismo sentido.

 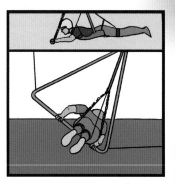

Para girar, el aladeltista echa el cuerpo nivelado hacia delante y consigue velocidad. Luego, desplaza su cuerpo hacia un lado del armazón y logra que el morro del ala delta se eleve y gire hacia ese lado. Una vez direccionado el giro, el piloto vuelve al centro del armazón manteniendo el aparato ladeado. Para terminar el giro, el piloto se desplaza hacia el otro lado y nivela nuevamente el aparato.

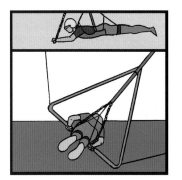 

Otras maneras de volar: *Kitebuggy*

Es un nuevo deporte de viento. Consta de una especie de carrito de tres ruedas y de una vela semejante a la de un parapente. El carrito o *buggy* se hace más veloz gracias a la vela que lo arrastra según la velocidad del viento. El piloto dirige con sus manos la vela, y con sus pies, la dirección del carrito.

Un ala delta extendido mide unos 10 m (32 ft) de envergadura (distancia entre una punta del ala y la otra) y unos 4 m (13 ft) desde el morro hasta la quilla.

La vela se hace con varios paños de fibras sintéticas, muy resistentes a los golpes de viento y al deterioro que se produce por el plegado y por la intensidad de la luz solar.

La mayoría de los ala delta tiene una estructura flexible formada por tubos de aluminio o de fibra de carbono para que resulte fuerte y liviano a la vez. Esta estructura está formada por tubos unidos por cables de acero trenzado.

El aladeltista protege su cabeza con un casco. Usa guantes protectores y calzado resistente para soportar el aterrizaje sin lastimarse. El resto de la ropa es a elección; solo es fundamental estar bien abrigado.

El aladeltista se lanza desde las alturas para conseguir planear.

Paresev

A finales de 1940, el ingeniero aeronáutico Francis Rogallo diseñó un aparato volador que no necesitaba motor. Era un tipo de ala flexible y adaptable al viento que podía ser manejado por una sola persona. Aunque al comienzo no tuvo repercusión, poco después la NASA se interesó en el invento y lo desarrolló con el fin de recuperar cápsulas espaciales. Este proyecto llamado Paresev (Paraglider Rescue Vehicle) impulsó el desarrollo del aladeltismo.

El equilibrio entre el aire de arriba y el aire de abajo genera la sustentación del artefacto.

Ideas renacentistas

El célebre inventor y artista italiano Leonardo da Vinci ideó varias máquinas voladoras que, por la falta de tecnología apropiada, nunca pudieron fabricarse y funcionar. Este «tatarabuelo» del ala delta tenía alas semejantes a las de los murciélagos que se batían por medio de pedales ubicados a los pies del conductor y en los brazos. El artefacto era de madera y resultaba demasiado pesado para elevarse.

Alas peligrosas

En 1678 un cerrajero llamado Besnier construyó un artefacto con la intención de volar por los aires. Se trataba de dos bastones largos terminados en unas especies de alas hechas de tafetán. Los bastones se apoyaban sobre los hombros del piloto y se desplazaban alternadamente gracias al movimiento de las piernas y las manos. De esta manera, las alas se abrían y se cerraban. Sin embargo, el artefacto no funcionó: Besnier no logró elevarse desde el suelo ni mantenerse en vuelo al lanzarse desde una colina.

El piloto se sujeta a la estructura por medio de arneses y pasadores que le dan seguridad.

Con el movimiento de su cuerpo el piloto marca la dirección y la velocidad que quiere tomar y aprovecha al máximo las corrientes de aire.

La vela se coloca como funda sobre los tubos de aluminio que forman la estructura del ala delta.

¿**Cómo** son los coches de carrera?

Son coches especiales que no se parecen en nada a los que andan por las calles. Son ruidosos, estrechos y están hechos con materiales livianos, pero resistentes. Como son coches de competición poseen motores muy potentes, de mucha cilindrada, creados a partir de tecnología punta. Hoy, las carreras de Fórmula 1 constituyen uno de los deportes más difundidos en todo el mundo.

Su carrocería está elaborada generalmente de una aleación liviana de aluminio.

Posee alerones traseros y delanteros para conseguir mayor adherencia al suelo.

El motor se sitúa detrás del conductor y es tan potente que supera los 700 caballos de potencia (CV).

Los poderosos discos de freno de las ruedas traseras permiten reducir la alta velocidad de estos bólidos en cuestión de segundos.

El volante, además de controlar la dirección, es una verdadera central electrónica que permite corregir fallos y comunica al piloto con sus técnicos.

En los comienzos

En sus comienzos, los coches de competición eran tubulares y los pilotos estaban mucho más expuestos que en la actualidad. Además, la mayoría de las competiciones se corría en carreteras o caminos, pues había escasos circuitos preparados para estos eventos. Esto producía verdaderos desastres, ya que un despiste o una rotura podía provocar la muerte de los competidores e incluso de las personas del público.

Posee anchas ruedas sin dibujo para evitar la resistencia de rodadura. Sus neumáticos son ideales para el clima seco, pero peligrosos cuando hay humedad, aunque también hay especiales para la lluvia.

Túnel de viento

La estructura actual de los coches de carrera es el resultado de numerosos estudios sobre aerodinamismo que se profundizan cada vez más. Para mejorar la aerodinámica, los ingenieros cuentan con el *túnel de viento,* una herramienta que expone a los coches a las condiciones que sufren durante una carrera. El aire atraviesa el coche a gran velocidad, hacia delante y hacia atrás, y demuestra cuáles son los factores que deben mejorarse para lograr mayor aerodinamismo.

Prendas seguras

La ropa de los pilotos está preparada para protegerle en caso de choques o incendios. Tanto el mono como los guantes, botas y la media que cubre la cabeza, debajo del casco, son de materiales ignífugos que resisten altas temperaturas. El casco, de fibra de carbono y plástico ignífugo, posee un mecanismo automático que se activa ante una colisión y suministra aire al piloto. El *hans* (Head and Neck Support, soporte para cabeza y cuello) sostiene la cabeza del piloto y evita lesiones en caso de un choque frontal.

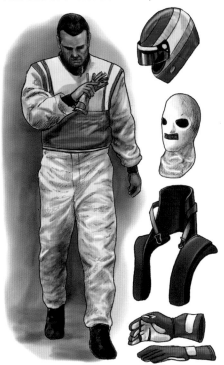

Los coches de Fórmula 1 son muy estrechos y el espacio de la cabina permite apenas que entre el piloto, que va casi acostado en su interior. Para que pueda entrar, el conductor saca el volante y lo vuelve a colocar una vez que se acomoda y se pone el cinturón de seguridad.

Áreas de servicio

Los *boxes* son áreas de servicio adonde entran los coches para cambiar sus ruedas o echar combustible. Allí trabajan al menos 15 mecánicos preparados para realizar estas y otras tareas en pocos segundos. Al igual que el piloto, los mecánicos llevan ropas ignífugas y evalúan el estado del coche en un mínimo tiempo. Cada equipo cuenta con sus propios mecánicos y su *box,* y no hay coche que pueda evitar al menos una entrada en *boxes* durante una carrera de Fórmula 1.

Su diseño ondulado le permite una mayor penetración aerodinámica durante el avance.

¿**Cómo** es por dentro una
autocaravana?

Las autocaravanas cuentan con sistemas electrógenos con motor propio destinado a proporcionar energía eléctrica no solo para la iluminación, sino también para hacer funcionar accesorios como el microondas, el frigorífico, la televisión, el DVD e, incluso, el calentador de agua, que en algunos casos es eléctrico.

L as autocaravanas son un medio de transporte pensado para el tiempo libre: vacaciones y salidas de fin de semana. Este tipo de vehículo es la suma de un coche y una vivienda y por ello cada unidad cuenta con una parte motriz y otra con accesorios habitables, como cocina, comedor, camas para descansar y baño. Las autocaravanas tienen también frigorífico, gas para cocinar, microondas, bomba de agua y hasta calefacción.

Para aprovechar el espacio al máximo, las camas se pliegan y se convierten en sillones para el día.

Autocaravanas de arrastre

Las autocaravanas de arrastre o *roulotte* son más económicas que las que forman una sola estructura con el vehículo. Esto se debe a que no tienen motor y requieren muy pocos elementos para su mantenimiento. Este tipo de remolque es ideal para aquellos que se inician en el *caravaning* y la quieren utilizar como una especie de «casa con ruedas» que, al llegar a un *camping,* se instala en un sitio y no se mueve de allí.

A la medida del conductor

Muchas personas con habilidades para hacer reparaciones o arreglos compran autobuses viejos, a bajo precio, y los modifican para convertirlos en casas móviles. Este tipo de autocaravana suele ser más grande que las tradicionales, pero los espacios no están tan bien distribuidos y muchas veces se transforman en vehículos caros porque debido a su peso consumen mucho más combustible.

La cocina y el horno funcionan gracias a bombonas de gas que se sitúan en la parte externa del vehículo. Hay también frigoríficos que funcionan con gas.

El inodoro químico, llamado de valija, es uno de los más populares, pero dura solo dos días y, al liberar cloro y agua, resulta contaminante. Las autocaravanas más modernas utilizan el inodoro náutico –el mismo que se utiliza en los yates–, que tiene un triturador y una cámara aséptica que trabaja con sustancias químicas biodegradables que no contaminan.

La estructura de las autocaravanas más modernas suele ser de fibra de vidrio, con un aislamiento para proteger de los climas más diversos.

Hay autocaravanas pensadas para dos, cuatro y hasta seis personas.

Se aprovechan al máximo los espacios; por eso, una división entre ambientes puede ser un armario para guardar la ropa o despensas y cajoneras para provisiones y otros elementos de reserva.

En la base del vehículo hay un depósito con la reserva de agua necesaria para ducharse y lavar la vajilla.

Vida rodante

Hay personas que utilizan sus autocaravanas para llegar a sitios alejados y pasar allí varios días o bien para trasladarse continuamente. Otras estacionan sus autocaravanas en sitios destinados a este tipo de viviendas (que proporcionan electricidad y otras comodidades) y utilizan sus coches para trasladarse. En algunos países, como en Estados Unidos, hay personas que viven permanentemente en este tipo de casas en barrios destinados a ellas.

¿**Qué** es el teleférico?

Se trata de un medio de transporte fundamental para las zonas montañosas, cuyo relieve no permite trasladarse por tierra o agua. Está constituido por una especie de vagón que pende de dos o más cables. Uno de los cables, fijo, da seguridad y sustentación, el otro u otros están conectados a un motor que tira de la cabina y la transporta a lo largo de su recorrido. Los cables están fijados a torres y pilares espaciados que ofrecen estabilidad al sistema.

Un medio de integración

A finales del siglo xix se creó un sistema de transporte que permitía salvar distancias que resultaban más dificultosas que largas, ya que se trababa de zonas montañosas. Las personas que vivían en estas regiones escarpadas estaban muy aisladas de los centros urbanos y tenían muchas dificultades para bajar y subir diariamente estas cuestas. Se creó entonces el *funicular,* un medio de transporte compuesto por dos vagones que se deslizan sobre rieles ubicados en un plano inclinado. En la cumbre de la montaña se instala una base con poleas que regulan el movimiento: cuando un coche baja, el otro sube, y ambos llegan a destino en el mismo momento.

Un autobús colgante

El aerobús es un medio de transporte bastante novedoso que ofrece un servicio semejante al de un autobús convencional, pero no causa contaminación –pues funciona con energía eléctrica– y no produce congestión en el tráfico. Además, es sumamente silencioso. Es un autobús que pende de una vía de aluminio situada en una especie de puente colgante.

Las puertas automatizadas solo se abren al comienzo y al final del recorrido en las plataformas o en tierra firme.

No requiere conductor, solo personal de control que asegura el buen funcionamiento en cada traslado.

Se encuentra principalmente en sitios con atracciones turísticas.

Cables resistentes

El teleférico se sostiene y se traslada por la tracción de una serie de cables de acero que son sometidos a diversas pruebas para comprobar su resistencia y su rigidez. Se trata de cables formados por un centro de acero sobre el que se enrollan haces de alambres de acero, también enroscados de manera helicoidal, es decir, en forma de hélice. Periódicamente, este tipo de cables necesita ajustes, ya que el mismo peso y el roce de la cabina hacen que se afloje.

Los cables tienen dos funciones: por un lado, transportan el vagón y, por otro, proporcionan seguridad al sistema.

Este medio de transporte no contamina, utiliza muy poca energía eléctrica para moverse y es sumamente silencioso.

Prácticamente no ocupa lugar; solo es necesario un espacio para las estaciones y la base de las torres que sostienen los cables.

Camino a la montaña

Los centros de esquí cuentan con diferentes sistemas de remonte para que los deportistas puedan acceder a las regiones más nevadas de las montañas.

El telesilla o remonte es un conjunto de sillas enganchadas de manera fija a un cable sin fin sostenido por pilares. El cable se mueve a una velocidad fija, y en las sillas pueden ir hasta seis personas. En las estaciones, los esquiadores pueden ascender colocándose delante de las sillas, y descender pasando por debajo de estas sin que el circuito se detenga.

La telecabina es un tipo de teleférico que funciona como el telesilla, pero en este caso los pasajeros –que pueden ser más de diez– van dentro de pequeñas cabinas cerradas. En la zonas de ascenso o descenso, estas cabinas se deslizan sobre angostos carriles que le dan firmeza; el resto del recorrido lo hacen colgadas de los cables.

¿**Cómo** es un cohete espacial?

Los cohetes son un tipo de vehículo de propulsión que se utiliza para lanzar naves, sondas y satélites al espacio. Los cohetes balísticos (misiles) son armas de gran poder destructivo. Poseen los motores más potentes que se conocen, capaces de alcanzar el espacio a una velocidad de 40 000 km/h (24,854 m/h). Algunos, como los que elevan los transbordadores, utilizan combustible líquido, sólido o una combinación de ambos. Cuando este combustible se quema, libera una enorme cantidad de gases y así el cohete consigue la energía suficiente para impulsar su lanzamiento a gran velocidad.

Pocos segundos después del lanzamiento, los cohetes auxiliares se quedan sin combustible y se desprenden del cohete central.

La cápsula es el extremo superior del cohete, donde se ubica el satélite, la sonda o la nave que habrá de ponerse en órbita. En esta zona hay un sistema de control que marca el rumbo deseado.

Dentro del cohete central van los motores, un depósito de oxígeno que acelera la combustión y combustible.

La combustión y los gases que se eliminan de los cohetes auxiliares salen con tal fuerza que generan el 90% de la energía necesaria para el despegue inicial.

Cada motor cuenta con su depósito de combustible, que le permite encenderse y continuar su rumbo.

Los cohetes van desprendiéndose de sus partes por fases y encendiendo nuevos motores para llegar a la altura en que depositarán su carga.

Cuando alcanza la altura deseada, la cápsula se abre y deja salir la nave o el satélite. Las piezas desprendidas caeran a la Tierra o quedarán flotando en el espacio como chatarra.

Invento chino

Los chinos fueron quienes inventaron la pólvora, hace más de 1000 años. Con ella se fabricaron los primeros cohetes. Eran cilindros de madera tallada con flechas en su interior. Estos dispositivos se colocaban en grandes hogueras que entraban en combustión y hacían que las flechas salieran disparadas hacia todos lados. Estos primitivos cohetes no solo podían herir, sino que también causaban mucho ruido, creando caos y terror en los campos de batalla.

Cohete V2

El primer cohete que se fabricó en serie fue el V2. Se trataba de un misil balístico. Su uso era meramente armamentístico y durante la Segunda Guerra Mundial se convirtió en una de las armas más letales con que contó la Alemania nazi. Este país lanzó más de 4000 unidades sobre campo enemigo, especialmente en Londres (Gran Bretaña) y Amberes (Bélgica).

Un cohete en la Luna

Saturno V fue el tipo de cohete que se utilizó en el programa Apolo de la NASA, la agencia espacial de Estados Unidos, y fue el que llevó a los primeros hombres a la Luna. Estos cohetes eran desechables, y estaban constituidos por tres fases que se iban desprendiendo hasta llegar a la órbita lunar. En 1973 el *Saturno V* se utilizó para enviar al espacio la estación espacial estadounidense *Skylab*.

¿A **qué** se llama tren bala?

sta es la denominación que se le dio en sus comienzos a los trenes de alta velocidad que aparecieron en Japón hacia 1960, ya que por entonces las locomotoras que superaban los 200 km/h (124 m/h) recordaban la velocidad y forma de las balas. Hoy, los TAV (trenes de alta velocidad) son cada día más veloces, se han difundido por todo el mundo y representan una importante competencia para las empresas aéreas.

No tiene señalización de vías. El maquinista cuenta con un sistema electrónico de señalización dentro de la cabina.

La mayoría de los trenes de alta velocidad alcanzan un promedio de 270 km/h (167 m/h), pero hay formaciones, como el TGV de Francia, que han llegado a los 500 km/h (310 m/h).

Tiene un vallado que acompaña el recorrido para amortiguar de alguna manera el potente ruido que produce y evitar también que haya animales en las vías.

El interior de cada vagón está presurizado para que los pasajeros no sufran la diferencia de presión con el exterior.

Igual que en los trenes convencionales, el balasto –las pequeñas piedras que se colocan entre los carriles– dan estabilidad a las vías y evitan que se deformen con el movimiento.

Las vías tienen diseños especiales, con una mínima cantidad de curvas, bastante abiertas, y con uniones soldadas y no atornilladas como en los trenes convencionales.

Sobre vías magnéticas

El *maglev* es un tren de levitación magnética. Se desplaza sobre un riel único, pero no va apoyado, sino suspendido. La falta de roce con la vía le permite alcanzar velocidades mayores a las de cualquier otro tren de alta velocidad y con mucho menos impacto sonoro, aunque su consumo de electricidad es mucho más alto. Es una especie de enorme imán. El riel es también magnético, con uno de sus polos magnéticos enfrentado al mismo polo del tren. Y como los polos iguales de un imán se repelen, se genera entre el tren y la vía un colchón de aire sobre el que se desplaza el convoy. Por su forma, parecería que la base del tren «abraza» este riel, lo que limita al mínimo las posibilidades de descarrilamiento.

Los trenes de alta velocidad –como todos los trenes eléctricos– toman la electricidad de los cables de alta tensión que acompañan el recorrido. El pantógrafo es la parte del tren que alcanza a estos cables y toma la energía para hacer funcionar la máquina.

Bojes a medida

El ancho de la vía en toda Europa es distinto al que tradicionalmente se usa en España, y esto puede producir verdaderos inconvenientes en el transporte de trenes hacia otros países. Hoy, para lograr adaptar las vías férreas a las diferentes medidas, se utilizan chasis o bojes de ancho variable, que se adaptan a la medida estándar o a la convencional de España en cuestión de segundos, sin interrumpir la marcha del convoy.

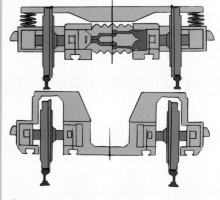

Curvas inteligentes

El interior del tren es como una caja independiente del chasis sobre el que se apoya. La caja del tren posee un sistema de basculación inteligente que reduce al extremo el efecto de la fuerza centrífuga que producen las curvas a tan altas velocidades.
En las curvas, una serie de sensores detectan por adelantado la posición de la vía y equilibran la caja antes de que el tren entre en ellas. De esta manera, los pasajeros no sienten modificación, aun en los cambios más bruscos.

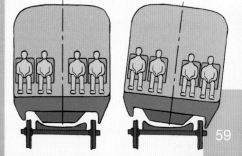

Entre los vagones hay estructuras, similares a los fuelles, que unen el tren completo y permiten que los pasajeros pasen de un vagón a otro sin peligro.

El primero

Los primeros trenes de alta velocidad se proyectaron en Japón hacia finales de la década de 1930. Pero con el ingreso de Japón en la Segunda Guerra Mundial y su posterior derrota, el proyecto quedó postergado. A finales de la década de 1960, sin embargo, los japoneses asombraron al mundo con el Shinkansen, el primer prototipo de un tren de alta velocidad que duplicaba la velocidad de los trenes tradicionales de entonces.

¿**Qué** es un
transbordador espacial?

El transbordador espacial es un tipo de vehículo que se utiliza para que los astronautas viajen al espacio para reparar las estaciones espaciales o telescopios o para realizar experimentos. Todos los transbordadores cuentan con una nave que se asemeja a un avión, también llamada orbitador, dos cohetes propulsores y un enorme depósito de combustible. Tiene piezas que se recuperan y pueden volverse a usar.

La *nave* transporta a los astronautas y también la carga. Es la parte del transbordador que regresa a la Tierra.

Las compuertas de la nave se abren en pleno vuelo para que los astronautas puedan trabajar en el exterior.

Los *cohetes propulsores* llevan combustible sólido. A unos 50 km (31 mi) de la superficie de la Tierra, en la atmósfera, se separan de la nave central y caen al océano. Estos cohetes se recuperan y se reutilizan.

El laboratorio es donde los astronautas realizan todo tipo de experimentos con semillas, animales y hasta con su propio cuerpo para observar las reacciones de los seres vivos a la falta de gravedad.

Las ruedas del tren de aterrizaje de la nave están ubicadas debajo de las alas para proporcionar mayor estabilidad al aterrizar.

Enterprise

El *Enterprise,* construido en 1976 y puesto en órbita en 1977, fue el primer transbordador de la historia. Como no tenía placas térmicas, debía repararse después de cada misión. Y como tampoco contaba con motores, era lanzado desde un avión convencional, generalmente un Boeing 747. El *Enterprise* fue una nave experimental que permitió a la NASA (la Agencia espacial de Estados Unidos) conocer los efectos de la aerodinámica en su estructura y mejorar la construcción para las futuras naves.

La cabina es el centro de operaciones del transbordador, y en su interior es donde viajan los astronautas.

Este enorme *tanque* proporciona combustible a los motores hasta que la nave llega al espacio. Es la única parte que se destruye en la atmósfera y no puede reutilizarse.

Despegue poderoso

Durante el despegue se encienden los motores y el transbordador se separa de la plataforma. Los propulsores proporcionan el empuje inicial para que el conjunto se eleve. Pasado un par de minutos, estos cohetes se quedan sin combustible y caen. El depósito de combustible, que abastece a los motores, continúa propulsándolos hasta que la nave llega al espacio, unos ocho minutos después del despegue. A partir de ese momento, la nave orbita sola la Tierra.

El trabajo del astronauta

Los astronautas que viajan en los transbordadores espaciales realizan tareas específicas. Pueden trabajar dentro o fuera de la nave. Para salir del orbitador utilizan trajes especiales que los proveen de oxígeno y de todo lo necesario para sobrevivir en el espacio. El trabajo puede estar relacionado con la reparación o recuperación de instrumentos como satélites o telescopios, o con labores de construcción y mantenimiento de las estaciones espaciales.

Camino al espacio

El transbordador se traslada desde el edificio de ensamblaje hasta la estructura de lanzamiento sobre enormes plataformas que poseen un sistema de ruedas como el de los tanques militares. Sobre la plataforma móvil, el transbordador tarda muchas horas en llegar a la pista de lanzamiento.

Cubierta aislante

El orbitador debe estar preparado para soportar tanto las frías temperaturas del espacio exterior como el calor que se genera durante el despegue y el aterrizaje, cuando la nave atraviesa la atmósfera. Por eso está recubierto por miles de placas térmicas que protegen el interior de la nave.

El Abecé Visual de **LA TIERRA**

El Abecé Visual de **ANIMALES SALVAJES**

El Abecé Visual de **INVENTOS QUE CAMBIARON EL MUNDO 1**

El Abecé Visual de **MEDIOS DE TRANSPORTE**

El Abecé Visual de **EL UNIVERSO**

El Abecé Visual de **EL UNIVERSO**

El Abecé Visual de **LOS INVENTOS QUE CAMBIARON EL MUNDO 1**

El Abecé Visual de **LA HISTORIA**

LE PENSEUR

El Abecé Visual de **PLANTAS Y FLORES**

El Abecé Visual de **INSECTOS**

El Abecé Visual de **PAÍSES, RELIGIONES Y CULTURAS DEL MUNDO**

El Abecé Visual de **MITOS Y LEYENDAS UNIVERSALES**

El Abecé Visual de **BOSQUES, SELVAS, MONTAÑAS Y DESIERTOS**

El Abecé Visual de
EL CUERPO HUMANO

El Abecé Visual de
MITOS Y LEYENDAS UNIVERSALES

« Students establish a base of knowledge across a wide range of subject matter by engaging with works of quality and substance. »

–Common Core State Standards for English Language Arts & Literacy in History/ Social Studies, Science, and Technical Subjects, p. 7

A great addition to a CCSS-oriented collection

Common-Core
Quality & Substance
www.CommonCore.SantillanaUSA.com